Praxisbuch für

„Die sieben Geheimnisse von Traumpaaren ohne Trauma"

Anka Krätzig

AF281588

Praxisbuch für

„Die sieben Geheimnisse von Traumpaaren ohne Trauma"

Dein 3-Monats-Plan für magische Weiblichkeit

Anka Krätzig

Impressum

Bibliografische Information der Deutschen Nationalbibliothek: Die Deutsche Nationalbibliothek verzeichnet diese Publikation in der Deutschen Nationalbibliografie; detaillierte bibliografische Daten sind im Internet über dnb.dnb.de abrufbar.

Die automatisierte Analyse des Werkes, um daraus Informationen insbesondere über Muster, Trends und Korrelationen gemäß §44b UrhG („Text und Data Mining") zu gewinnen, ist untersagt.

Verlag: BoD · Books on Demand GmbH, In de Tarpen 42, 22848 Norderstedt, Druck: Libri Plureos GmbH, Friedensallee 273, 22763 Hamburg

Kontakt: E-Mail: nachricht@ankakraetzig.de, www.ankakraetzig.de

ISBN: 978-3-7693-0768-9

Liebe Frau,

ich feiere dich so sehr, dass du dich nun auf den Weg machst in deine Weiblichkeit und in deine wahre Kraft und Macht!

Ich feiere deinen Mut und deine Entschlossenheit dein Glück nun selbst in die Hand zu nehmen und die volle Verantwortung für deine Beziehung zu übernehmen. Du, in deiner weiblichen Kraft und Magie, kannst die Dynamik zwischen euch verändern. Es liegt in deiner Hand!

Räume energetisch das männliche Feld eure Beziehung und gib ihm seinen Raum zurück. Lass dich in deine Weiblichkeit fallen, dehne dich aus, entspanne und genieße! Du hast es verdient einfach, weil du eine Frau bist!

Männer haben in der Geschichte oft große Taten vollbracht, um ihre Familien zu schützen und ihnen ein besseres Leben zu ermöglichen. Dieses Bedürfnis, zu schützen und zu unterstützen, ist tief in ihnen verankert - du musst deinen Mann nur lassen.

Mit diesem Praxisbuch gebe dir ein dreimonatiges Sprungbrett in die neue Realität in deiner Beziehung. Es ist deine Gelegenheit, Veränderungen in Gang zu setzen und neue Gewohnheiten zu etablieren. Los geht's!

So kannst du dieses Buch nutzen:

1. Gute, neue Gewohnheiten anlegen (monatlich):

Nimm dir für jeden Monat neue Gewohnheiten vor, die du so oft wie möglich umsetzen möchtest. Mit dem Büchlein kannst du dich motivieren und dokumentieren, wie oft dir dies gelingt. Vielleicht magst du von nun an zum Beispiel regelmäßig meditieren?

TIPP: Verknüpfe neue Gewohnheiten mit bestehenden Gewohnheiten und gib ihnen einen konkreten Ort und Zeitpunkt. So fällt es dir leichter, neue Gewohnheiten anzulegen.

2. Philosophie der kleinen Schritte (wöchentlich):

Wähle für jede Woche ein Geheimnis aus, auf das du dich besonders fokussieren und mit dem du experimentieren möchtest, um es in deinen Alltag zu integrieren. Überfordere dich nicht mit zu viel auf einmal. Feiere jeden noch so kleinen Erfolg! Das löst biochemische Prozess in deinem Körper aus, die dich bei der Implementierung neuer Gewohnheiten unterstützen.

3. Deine magischen Wünsche (täglich):

Schreibe jeden Tag (am besten direkt nach dem Aufstehen) deine Wünsche auf. Genieße diese Zeit, und spüre in deinen Körper hinein. Frage ihn, worauf er Lust hat, was ihn beleben und dein Herz höher schlagen lässte. Frage dich, was sich für dich genussvoll oder energetisierend anfühlt. Schreibe es auf!

Fühle und genieße schon beim Schreiben das beglückende, prickelnde Gefühl in deinem Körper! Schau, dass du sowohl Wünsche findest, die du dir im Laufe des Tages selbst erfüllen kannst, als auch Wünsche, die du dir in Zukunft erfüllen möchtest, wenn die Zeit dafür reif ist. Sammle ebenso Wünsche, die du deinem Mann mitteilen möchtest – aber denk dran: ohne Erwartungen!

Alternativ: Schließe deine Augen für 5 – x Minuten und fokussiere dich auf dein Herz. (Nach einer Weile kann sich die Energie der Wünsche wie „abnutzen". Dann setze ein paar Tage aus und meditiere stattdessen einfach und stelle so eine Herz-Hirn Kohärenz her.)

4. Bewusste innere Ausrichtung und Dankbarkeit (täglich):

Richte dich jeden Tag bewusst auf die Dinge in eurem Leben und in eurer Beziehung aus, die schon da sind und für die du dankbar bist. Mach dir bewusst, wie toll dein Mann ist, was er alles für dich und euch tut, und wo er schon dein Traummann ist! Finde die Fülle!

TIPP: Finde Gelegenheiten während des Tages, ihm deine Dankbarkeit mitzuteilen. Denn dein Mann freut sich über deine Lob, deine Wertschätzung, dein Glücklichsein, deine Freude und deine Dankbarkeit - und wird dir daraufhin mehr davon geben wollen!

5. Not-To-Do-Liste - Wo kannst du es dir leichter machen?

Schreibe alles auf, das getan werden *müsste*. Dann überlege dir, was davon du wirklich selbst tun willst und musst, wobei du um Hilfe bitten kannst und was zwar gemacht werden müsste, was du aber nicht machen *kannst* (weil du vielleicht in der Sonne liegen willst) oder nicht machen *willst*, weil du dafür zu viel männliche Energie aufbringen müsstest.

6. Mecker-Ecke:

Du weißt ja, dass hinter jeder Unzufriedenheit und Wut, ein tiefer liegendes Gefühl und ein Wunsch stecken. Um die Anziehung zu erhalten, solltest du deinem Mann keine Vorwürfe machen und nicht meckern, sondern deinen Wunsch äußern. Wenn du aber einfach mal nicht anders kannst als zu meckern und zu kritisieren, dann ruf eine Freundin an, die dir hilft deinen Wunsch zu formulieren oder nutze dieses Büchlein:

Gehe zur Mecker-Ecke und lasse alles raus, kotz' dich aus. Wenn du dich wieder beruhigt hast, finde deinen inspirierenden Wunsch. Mit diesem Wunsch gehe zu deinem Mann und lasse die Magie geschehen!

Ich wünsche dir viel Freude bei der Umsetzung und viele magische Momente zwischen dir und deinem Mann! Bei Fragen kannst du dich jederzeit an nachricht@ankakraetzig.de wenden.

Komm auch gern in meine **Facebookgruppe**, um dich mit anderen auszutauschen und dir Impulse zu holen, wenn du das Gefühl hast festzustecken. Und für nachhaltige und tiefe Transformation denk über eine **1:1 Begleitung** bei mir nach. Ich begleite dich gern 6 oder 12 Monate und helfe dir, deine Entwicklungs- und Bindungstrauma zu überwinden. Gemeinsam geht es schneller und tiefer!

 Auf meiner Homepage findest du alle Infos und Links: www.ankakraetzig.de

Herzliche Grüße,

Anka Krätzig

Meine Vision für meine Beziehung

Meine Beziehung aktuell

Meine neuen Gewohnheiten im ....(Monat)

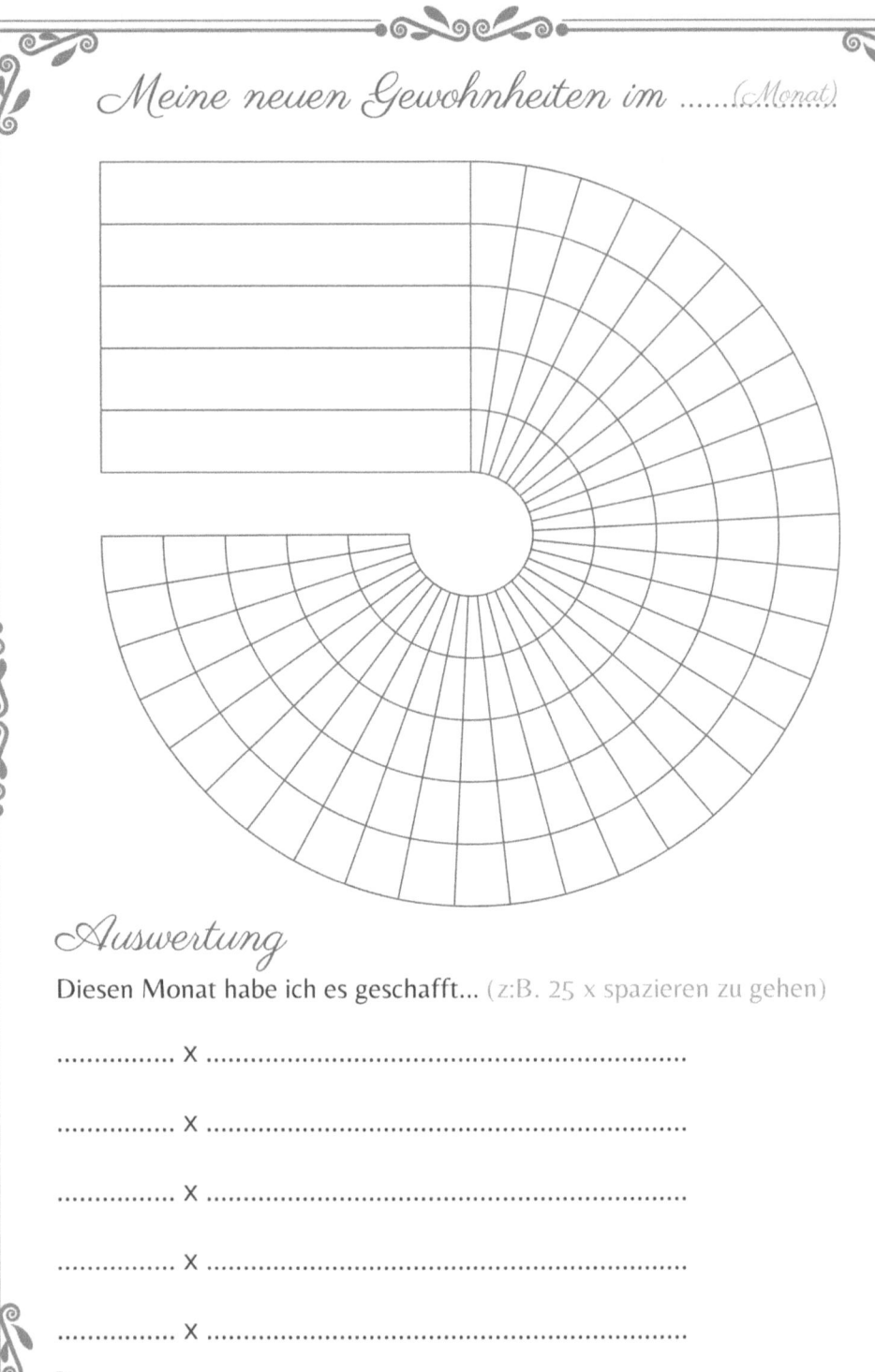

Auswertung

Diesen Monat habe ich es geschafft... (z:B. 25 x spazieren zu gehen)

.... X ....

.... X ....

.... X ....

.... X ....

.... X ....

Woche #

Diese Woche fokussiere ich mich auf...

- ○ "Ich wünsche mir/ ich würde gerne..."
- ○ "Ich kann nicht"
- ○ "Autsch"
- ○ "Danke, dass du..."
- ○ "Tut mir leid, das war respektlos."
- ○ "Wie du denkst, ist es gut"
- ○ "Ich vertraue dir"
- ○ "Würdest du mir helfen...?"
- ○ "Ich würde gerne...., darf ich...?"
- ○
- ○
- ○
- ○

Auswertung

Welche magischen Erlebnisse hattest du? Was willst du beibehalten? Was willst du verändern? Was hat sich verändert? Womit hast du dich unwohl gefühlt? Warum?

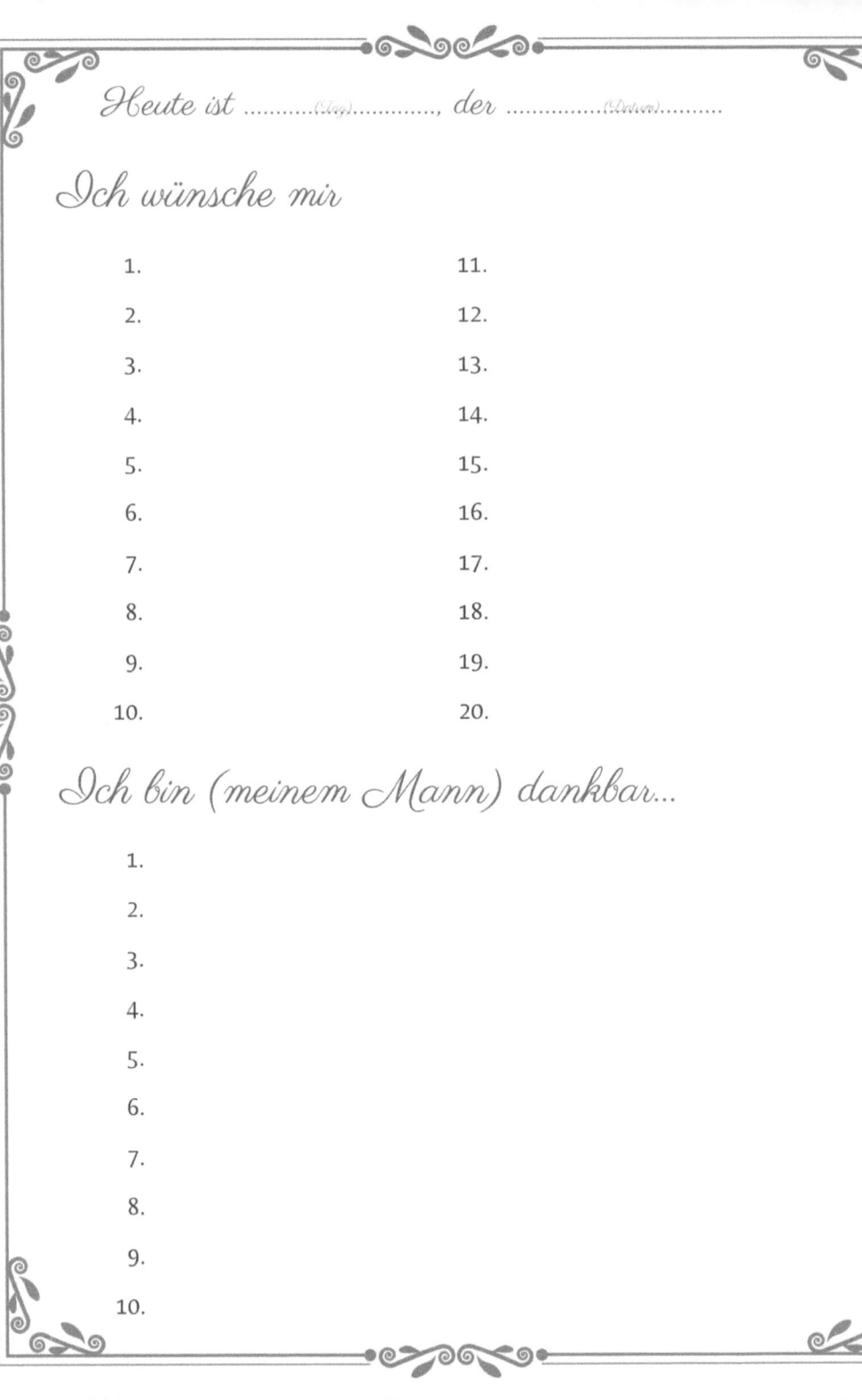

Heute ist ....(Tag)............., der ....(Datum)...........

Ich wünsche mir

1.	11.
2.	12.
3.	13.
4.	14.
5.	15.
6.	16.
7.	17.
8.	18.
9.	19.
10.	20.

Ich bin (meinem Mann) dankbar...

1.

2.

3.

4.

5.

6.

7.

8.

9.

10.

Not-To-Do-Liste

Was WILLST du tun? ✓

Wobei kannst du um Hilfe bitten? ?

Was könntest du einfach als einen Wunsch formulieren?

Was KANNST du nicht (mehr) tun? ✗

Markiere die To-Dos entsprechend und überlegt dir dein Vorgehen.

- ○ ....
- ○ ....
- ○ ....
- ○ ....
- ○ ....
- ○ ....

Mecker Ecke - lass es raus!

Was nervt/frustriert dich? Was macht dich wütend? Was erwartest du von deinem Mann? Was macht er falsch?

Und nun: was wünscht du dir als Ergebnis für dich?

Und nun sag ihm was du dir wünscht und lass die Magie geschehen!

Heute ist ....(Tag)............, der ....(Datum)..........

Ich wünsche mir

1.	11.
2.	12.
3.	13.
4.	14.
5.	15.
6.	16.
7.	17.
8.	18.
9.	19.
10.	20.

Ich bin (meinem Mann) dankbar...

1.

2.

3.

4.

5.

6.

7.

8.

9.

10.

Not-To-Do-Liste

Was WILLST du tun? ✓

Wobei kannst du um Hilfe bitten? **?**

Was könntest du einfach als einen Wunsch formulieren?

Was KANNST du nicht (mehr) tun? ✗

Markiere die To-Dos entsprechend und überlegt dir dein Vorgehen.

○ ....

○ ....

○ ....

○ ....

○ ....

○ ....

Mecker Ecke - lass es raus!

Was nervt/frustriert dich? Was macht dich wütend? Was erwartest du
von deinem Mann? Was macht er falsch?

_____

_____

_____

_____

_____

_____

Und nun: was wünscht du dir als Ergebnis für dich?

_____

_____

_____

Und nun sag ihm was du dir wünscht und lass die Magie geschehen!

Heute ist ....(Tag)..........., der ....(Datum)..........

Ich wünsche mir

1.	11.
2.	12.
3.	13.
4.	14.
5.	15.
6.	16.
7.	17.
8.	18.
9.	19.
10.	20.

Ich bin (meinem Mann) dankbar...

1.

2.

3.

4.

5.

6.

7.

8.

9.

10.

Not-To-Do-Liste

Was WILLST du tun? ✓

Wobei kannst du um Hilfe bitten? **?**

Was könntest du einfach als einen Wunsch formulieren?

Was KANNST du nicht (mehr) tun? ✗

Markiere die To-Dos entsprechend und überlegt dir dein Vorgehen.

○ ....

○ ....

○ ....

○ ....

○ ....

○ ....

Mecker Ecke - lass es raus!

Was nervt/frustriert dich? Was macht dich wütend? Was erwartest du
von deinem Mann? Was macht er falsch?

_____

_____

_____

_____

_____

_____

Und nun: was wünscht du dir als Ergebnis für dich?

_____

_____

_____

Und nun sag ihm was du dir wünscht und lass die Magie geschehen!

Heute ist ....(Tag)............., der ....(Datum)..........

Ich wünsche mir

1.   11.
2.   12.
3.   13.
4.   14.
5.   15.
6.   16.
7.   17.
8.   18.
9.   19.
10.   20.

Ich bin (meinem Mann) dankbar...

1.
2.
3.
4.
5.
6.
7.
8.
9.
10.

Not-To-Do-Liste

Was WILLST du tun? ✓

Wobei kannst du um Hilfe bitten? **?**

Was könntest du einfach als einen Wunsch formulieren?

Was KANNST du nicht (mehr) tun? ✗

Markiere die To-Dos entsprechend und überlegt dir dein Vorgehen.

○ ....

○ ....

○ ....

○ ....

○ ....

○ ....

Mecker Ecke - lass es raus!

Was nervt/frustriert dich? Was macht dich wütend? Was erwartest du
von deinem Mann? Was macht er falsch?

Und nun: was wünscht du dir als Ergebnis für dich?

Und nun sag ihm was du dir wünschst und lass die Magie geschehen!

Heute ist ....(Tag).............., der ....(Datum)..........

Ich wünsche mir

1.	11.
2.	12.
3.	13.
4.	14.
5.	15.
6.	16.
7.	17.
8.	18.
9.	19.
10.	20.

Ich bin (meinem Mann) dankbar...

1.

2.

3.

4.

5.

6.

7.

8.

9.

10.

Not-To-Do-Liste

Was WILLST du tun? ✓

Wobei kannst du um Hilfe bitten? **?**

Was könntest du einfach als einen Wunsch formulieren?

Was KANNST du nicht (mehr) tun? ✗

Markiere die To-Dos entsprechend und überlegt dir dein Vorgehen.

- ◯ ....
- ◯ ....
- ◯ ....
- ◯ ....
- ◯ ....
- ◯ ....

Mecker Ecke - lass es raus!

Was nervt/frustriert dich? Was macht dich wütend? Was erwartest du von deinem Mann? Was macht er falsch?

_____

_____

_____

_____

_____

Und nun: was wünscht du dir als Ergebnis für dich?

_____

_____

_____

Und nun sag ihm was du dir wünscht und lass die Magie geschehen!

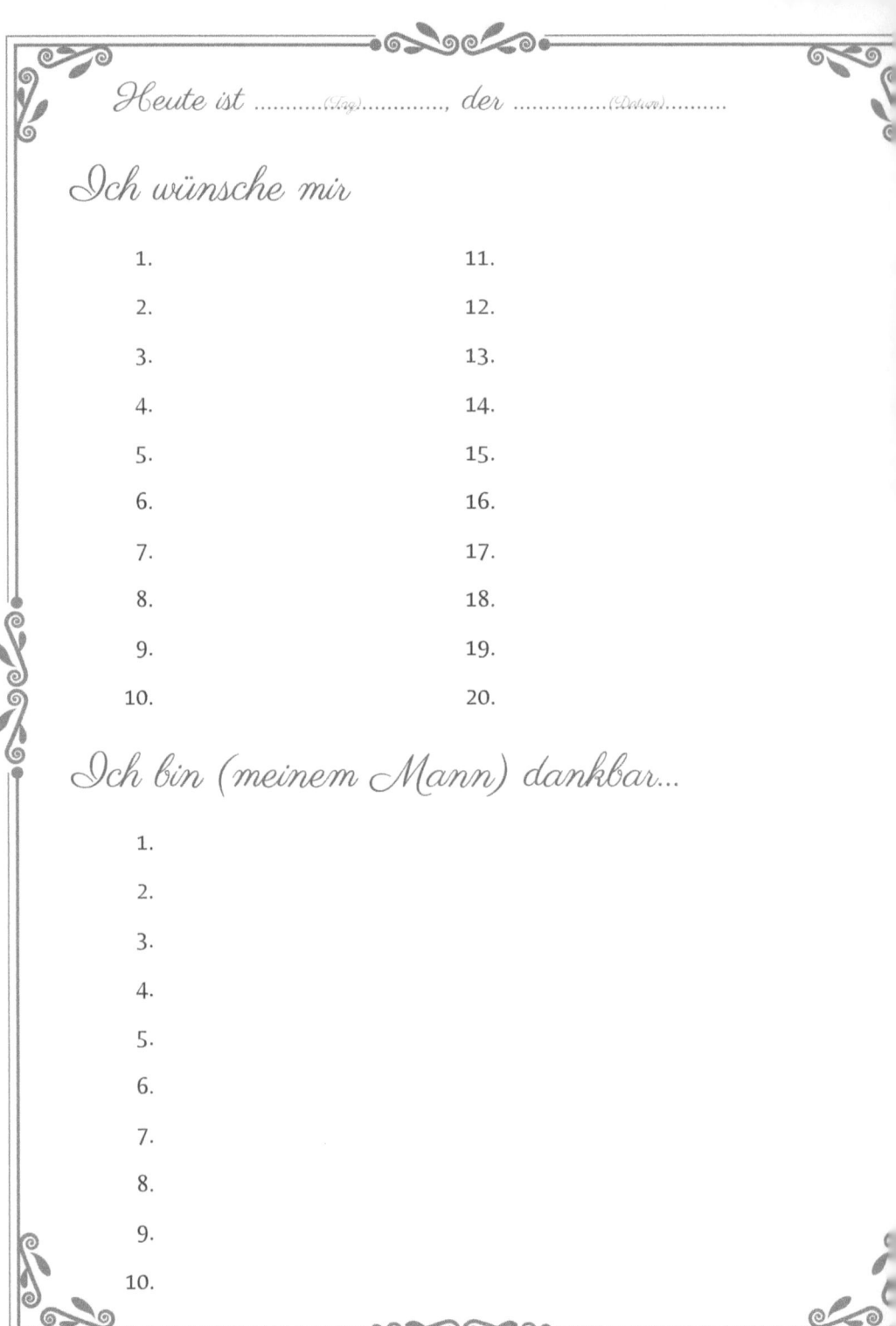

Heute ist ....(Tag)............, der ....(Datum).........

Ich wünsche mir

1.	11.
2.	12.
3.	13.
4.	14.
5.	15.
6.	16.
7.	17.
8.	18.
9.	19.
10.	20.

Ich bin (meinem Mann) dankbar...

1.

2.

3.

4.

5.

6.

7.

8.

9.

10.

Not-To-Do-Liste

Was WILLST du tun? ✔

Wobei kannst du um Hilfe bitten? ?

Was könntest du einfach als einen Wunsch formulieren?

Was KANNST du nicht (mehr) tun? ✗

Markiere die To-Dos entsprechend und überlegt dir dein Vorgehen.

- ○ ....
- ○ ....
- ○ ....
- ○ ....
- ○ ....
- ○ ....
- ○ ....
- ○ ....
- ○ ....
- ○ ....

Mecker Ecke - lass es raus!

Was nervt/frustriert dich? Was macht dich wütend? Was erwartest du von deinem Mann? Was macht er falsch?

_____

_____

_____

_____

_____

_____

_____

Und nun: was wünscht du dir als Ergebnis für dich?

_____

_____

_____

Und nun sag ihm was du dir wünscht und lass die Magie geschehen!

Heute ist ....(Tag)..............., der ....(Datum)..........

Ich wünsche mir

1.	11.
2.	12.
3.	13.
4.	14.
5.	15.
6.	16.
7.	17.
8.	18.
9.	19.
10.	20.

Ich bin (meinem Mann) dankbar...

1.

2.

3.

4.

5.

6.

7.

8.

9.

10.

Woche

Diese Woche fokussiere ich mich auf...

- ○ "Ich wünsche mir/ ich würde gerne..."
- ○ "Ich kann nicht"
- ○ "Autsch"
- ○ "Danke, dass du..."
- ○ "Tut mir leid, das war respektlos."
- ○ "Wie du denkst, ist es gut"
- ○ "Ich vertraue dir"
- ○ "Würdest du mir helfen...?"
- ○ "Ich würde gerne...., darf ich...?"
- ○
- ○
- ○
- ○

Auswertung

Welche magischen Erlebnisse hattest du? Was willst du beibehalten? Was willst du verändern? Was hat sich verändert? Womit hast du dich unwohl gefühlt? Warum?

_____

_____

_____

_____

_____

_____

_____

_____

_____

Heute ist ....(Tag)............., der ....(Datum)...........

Ich wünsche mir

1.   11.

2.   12.

3.   13.

4.   14.

5.   15.

6.   16.

7.   17.

8.   18.

9.   19.

10.   20.

Ich bin (meinem Mann) dankbar...

1.

2.

3.

4.

5.

6.

7.

8.

9.

10.

Not-To-Do-Liste

Was WILLST du tun? ✓

Wobei kannst du um Hilfe bitten? **?**

Was könntest du einfach als einen Wunsch formulieren?

Was KANNST du nicht (mehr) tun? ✗

Markiere die To-Dos entsprechend und überlegt dir dein Vorgehen.

○ ....

○ ....

○ ....

○ ....

○ ....

○ ....

Mecker Ecke - lass es raus!

Was nervt/frustriert dich? Was macht dich wütend? Was erwartest du von deinem Mann? Was macht er falsch?

_____

_____

_____

_____

_____

_____

Und nun: was wünscht du dir als Ergebnis für dich?

_____

_____

_____

Und nun sag ihm was du dir wünscht und lass die Magie geschehen!

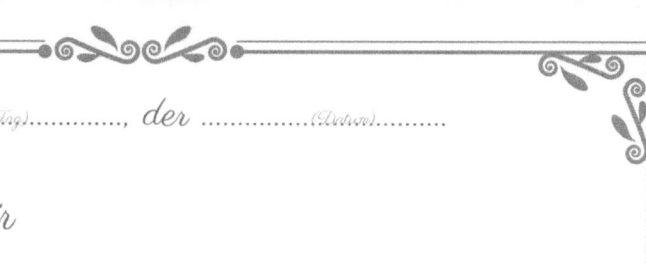

Heute ist ....(Tag)............., der ....(Datum)...........

Ich wünsche mir

1.	11.
2.	12.
3.	13.
4.	14.
5.	15.
6.	16.
7.	17.
8.	18.
9.	19.
10.	20.

Ich bin (meinem Mann) dankbar...

1.

2.

3.

4.

5.

6.

7.

8.

9.

10.

Not-To-Do-Liste

Was WILLST du tun? ✓

Wobei kannst du um Hilfe bitten? **?**

Was könntest du einfach als einen Wunsch formulieren?

Was KANNST du nicht (mehr) tun? ✗

Markiere die To-Dos entsprechend und überlegt dir dein Vorgehen.

○ ....

○ ....

○ ....

○ ....

○ ....

○ ....

Mecker Ecke - lass es raus!

Was nervt/frustriert dich? Was macht dich wütend? Was erwartest du von deinem Mann? Was macht er falsch?

_____

_____

_____

_____

_____

_____

Und nun: was wünscht du dir als Ergebnis für dich?

_____

_____

_____

Und nun sag ihm was du dir wünschst und lass die Magie geschehen!

Heute ist ....(Tag)............, der ....(Datum)..........

Ich wünsche mir

1.
2.
3.
4.
5.
6.
7.
8.
9.
10.

11.
12.
13.
14.
15.
16.
17.
18.
19.
20.

Ich bin (meinem Mann) dankbar...

1.
2.
3.
4.
5.
6.
7.
8.
9.
10.

Not-To-Do-Liste

Was WILLST du tun? ✓

Wobei kannst du um Hilfe bitten? **?**

Was könntest du einfach als einen Wunsch formulieren?

Was KANNST du nicht (mehr) tun? ✗

Markiere die To-Dos entsprechend und überlegt dir dein Vorgehen.

○ ....

○ ....

○ ....

○ ....

○ ....

○ ....

Mecker Ecke - lass es raus!

Was nervt/frustriert dich? Was macht dich wütend? Was erwartest du von deinem Mann? Was macht er falsch?

_____

_____

_____

_____

_____

_____

Und nun: was wünscht du dir als Ergebnis für dich?

_____

_____

_____

Und nun sag ihm was du dir wünscht und lass die Magie geschehen!

Heute ist ....(Tag)............., der ....(Datum)...........

Ich wünsche mir

1.	11.
2.	12.
3.	13.
4.	14.
5.	15.
6.	16.
7.	17.
8.	18.
9.	19.
10.	20.

Ich bin (meinem Mann) dankbar...

1.

2.

3.

4.

5.

6.

7.

8.

9.

10.

Not-To-Do-Liste

Was WILLST du tun? ✓

Wobei kannst du um Hilfe bitten? **?**

Was könntest du einfach als einen Wunsch formulieren?

Was KANNST du nicht (mehr) tun? ✗

Markiere die To-Dos entsprechend und überlegt dir dein Vorgehen.

○ ....

○ ....

○ ....

○ ....

○ ....

○ ....

Mecker Ecke - lass es raus!

Was nervt/frustriert dich? Was macht dich wütend? Was erwartest du von deinem Mann? Was macht er falsch?

_____

_____

_____

_____

_____

Und nun: was wünscht du dir als Ergebnis für dich?

_____

_____

_____

Und nun sag ihm was du dir wünschst und lass die Magie geschehen!

Heute ist ....(Tag)............, der ....(Datum)..........

Ich wünsche mir

1.	11.
2.	12.
3.	13.
4.	14.
5.	15.
6.	16.
7.	17.
8.	18.
9.	19.
10.	20.

Ich bin (meinem Mann) dankbar...

1.

2.

3.

4.

5.

6.

7.

8.

9.

10.

Not-To-Do-Liste

Was WILLST du tun? ✓

Wobei kannst du um Hilfe bitten? **?**

Was könntest du einfach als einen Wunsch formulieren?

Was KANNST du nicht (mehr) tun? ✗

Markiere die To-Dos entsprechend und überlegt dir dein Vorgehen.

○ ....

○ ....

○ ....

○ ....

○ ....

○ ....

Mecker Ecke - lass es raus!

Was nervt/frustriert dich? Was macht dich wütend? Was erwartest du von deinem Mann? Was macht er falsch?

_____

_____

_____

_____

_____

Und nun: was wünscht du dir als Ergebnis für dich?

_____

_____

_____

Und nun sag ihm was du dir wünscht und lass die Magie geschehen!

Heute ist ....(Tag)............., der ....(Datum)..........

Ich wünsche mir

1.   11.
2.   12.
3.   13.
4.   14.
5.   15.
6.   16.
7.   17.
8.   18.
9.   19.
10.   20.

Ich bin (meinem Mann) dankbar...

1.
2.
3.
4.
5.
6.
7.
8.
9.
10.

Not-To-Do-Liste

Was WILLST du tun? ✓

Wobei kannst du um Hilfe bitten? **?**

Was könntest du einfach als einen Wunsch formulieren?

Was KANNST du nicht (mehr) tun? ✗

Markiere die To-Dos entsprechend und überlegt dir dein Vorgehen.

○ ....

○ ....

○ ....

○ ....

○ ....

○ ....

Mecker Ecke - lass es raus!

Was nervt/frustriert dich? Was macht dich wütend? Was erwartest du von deinem Mann? Was macht er falsch?

_____

_____

_____

_____

_____

_____

Und nun: was wünscht du dir als Ergebnis für dich?

_____

_____

_____

Und nun sag ihm was du dir wünscht und lass die Magie geschehen!

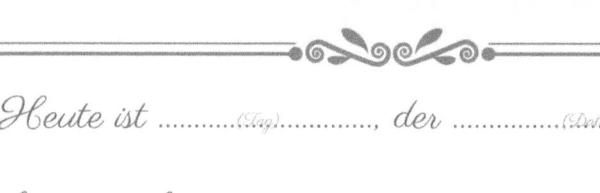

Heute ist ....(Tag)............, der ....(Datum)..........

Ich wünsche mir

1.	11.
2.	12.
3.	13.
4.	14.
5.	15.
6.	16.
7.	17.
8.	18.
9.	19.
10.	20.

Ich bin (meinem Mann) dankbar...

1.

2.

3.

4.

5.

6.

7.

8.

9.

10.

Not-To-Do-Liste

Was WILLST du tun? ✓

Wobei kannst du um Hilfe bitten? **?**

Was könntest du einfach als einen Wunsch formulieren?

Was KANNST du nicht (mehr) tun? ✗

Markiere die To-Dos entsprechend und überlegt dir dein Vorgehen.

○ ....

○ ....

○ ....

○ ....

○ ....

○ ....

Mecker Ecke - lass es raus!

Was nervt/frustriert dich? Was macht dich wütend? Was erwartest du von deinem Mann? Was macht er falsch?

Und nun: was wünscht du dir als Ergebnis für dich?

Und nun sag ihm was du dir wünscht und lass die Magie geschehen!

Woche #

Diese Woche fokussiere ich mich auf...

- ⃝ "Ich wünsche mir/ ich würde gerne..."
- ⃝ "Ich kann nicht"
- ⃝ "Autsch"
- ⃝ "Danke, dass du..."
- ⃝ "Tut mir leid, das war respektlos."
- ⃝ "Wie du denkst, ist es gut"
- ⃝ "Ich vertraue dir"
- ⃝ "Würdest du mir helfen...?"
- ⃝ "Ich würde gerne..., darf ich...?"
- ⃝
- ⃝
- ⃝
- ⃝

Auswertung

Welche magischen Erlebnisse hattest du? Was willst du beibehalten? Was willst du verändern? Was hat sich verändert? Womit hast du dich unwohl gefühlt? Warum?

Heute ist ....(Tag)............, der ....(Datum)..........

Ich wünsche mir

1.	11.
2.	12.
3.	13.
4.	14.
5.	15.
6.	16.
7.	17.
8.	18.
9.	19.
10.	20.

Ich bin (meinem Mann) dankbar...

1.

2.

3.

4.

5.

6.

7.

8.

9.

10.

Not-To-Do-Liste

Was WILLST du tun? ✓

Wobei kannst du um Hilfe bitten? **?**

Was könntest du einfach als einen Wunsch formulieren?

Was KANNST du nicht (mehr) tun? ✗

Markiere die To-Dos entsprechend und überlegt dir dein Vorgehen.

○ ....

○ ....

○ ....

○ ....

○ ....

○ ....

Mecker Ecke - lass es raus!

Was nervt/frustriert dich? Was macht dich wütend? Was erwartest du von deinem Mann? Was macht er falsch?

_____

_____

_____

_____

_____

_____

Und nun: was wünscht du dir als Ergebnis für dich?

_____

_____

_____

Und nun sag ihm was du dir wünscht und lass die Magie geschehen!

Heute ist ....(Tag)..........., der ....(Datum)..........

Ich wünsche mir

1.	11.
2.	12.
3.	13.
4.	14.
5.	15.
6.	16.
7.	17.
8.	18.
9.	19.
10.	20.

Ich bin (meinem Mann) dankbar...

1.

2.

3.

4.

5.

6.

7.

8.

9.

10.

Not-To-Do-Liste

Was WILLST du tun? ✓

Wobei kannst du um Hilfe bitten? **?**

Was könntest du einfach als einen Wunsch formulieren?

Was KANNST du nicht (mehr) tun? ✗

Markiere die To-Dos entsprechend und überlegt dir dein Vorgehen.

○ ....

○ ....

○ ....

○ ....

○ ....

○ ....

Mecker Ecke - lass es raus!

Was nervt/frustriert dich? Was macht dich wütend? Was erwartest du
von deinem Mann? Was macht er falsch?

_____

_____

_____

_____

_____

Und nun: was wünscht du dir als Ergebnis für dich?

_____

_____

_____

Und nun sag ihm was du dir wünscht und lass die Magie geschehen!

Heute ist ....(Tag)............., der ....(Datum)...........

Ich wünsche mir

1.	11.
2.	12.
3.	13.
4.	14.
5.	15.
6.	16.
7.	17.
8.	18.
9.	19.
10.	20.

Ich bin (meinem Mann) dankbar...

1.

2.

3.

4.

5.

6.

7.

8.

9.

10.

Not-To-Do-Liste

Was WILLST du tun? ✓

Wobei kannst du um Hilfe bitten? ?

Was könntest du einfach als einen Wunsch formulieren?

Was KANNST du nicht (mehr) tun? ✗

Markiere die To-Dos entsprechend und überlegt dir dein Vorgehen.

○ ....

○ ....

○ ....

○ ....

○ ....

○ ....

Mecker Ecke - lass es raus!

Was nervt/frustriert dich? Was macht dich wütend? Was erwartest du von deinem Mann? Was macht er falsch?

Und nun: was wünscht du dir als Ergebnis für dich?

Und nun sag ihm was du dir wünscht und lass die Magie geschehen!

Heute ist ....(Tag)............., der ....(Datum)...........

Ich wünsche mir

1.   11.
2.   12.
3.   13.
4.   14.
5.   15.
6.   16.
7.   17.
8.   18.
9.   19.
10.   20.

Ich bin (meinem Mann) dankbar...

1.
2.
3.
4.
5.
6.
7.
8.
9.
10.

Not-To-Do-Liste

Was WILLST du tun? ✓

Wobei kannst du um Hilfe bitten? **?**

Was könntest du einfach als einen Wunsch formulieren?

Was KANNST du nicht (mehr) tun? ✗

Markiere die To-Dos entsprechend und überlegt dir dein Vorgehen.

- ○ ....
- ○ ....
- ○ ....
- ○ ....
- ○ ....
- ○ ....

Mecker Ecke - lass es raus!

Was nervt/frustriert dich? Was macht dich wütend? Was erwartest du von deinem Mann? Was macht er falsch?

_____

_____

_____

_____

_____

_____

Und nun: was wünscht du dir als Ergebnis für dich?

_____

_____

_____

Und nun sag ihm was du dir wünscht und lass die Magie geschehen!

Heute ist ....(Tag)............., der ....(Datum)..........

Ich wünsche mir

1.	11.
2.	12.
3.	13.
4.	14.
5.	15.
6.	16.
7.	17.
8.	18.
9.	19.
10.	20.

Ich bin (meinem Mann) dankbar...

1.

2.

3.

4.

5.

6.

7.

8.

9.

10.

Not-To-Do-Liste

Was WILLST du tun? ✓

Wobei kannst du um Hilfe bitten? **?**

Was könntest du einfach als einen Wunsch formulieren?

Was KANNST du nicht (mehr) tun? ✗

Markiere die To-Dos entsprechend und überlegt dir dein Vorgehen.

○ ....

○ ....

○ ....

○ ....

○ ....

○ ....

Mecker Ecke - lass es raus!

Was nervt/frustriert dich? Was macht dich wütend? Was erwartest du von deinem Mann? Was macht er falsch?

_____

_____

_____

_____

_____

_____

Und nun: was wünscht du dir als Ergebnis für dich?

_____

_____

_____

Und nun sag ihm was du dir wünscht und lass die Magie geschehen!

Heute ist ....(Tag)............, der ....(Datum)..........

Ich wünsche mir

1.   11.

2.   12.

3.   13.

4.   14.

5.   15.

6.   16.

7.   17.

8.   18.

9.   19.

10.   20.

Ich bin (meinem Mann) dankbar...

1.

2.

3.

4.

5.

6.

7.

8.

9.

10.

Not-To-Do-Liste

Was WILLST du tun? ✓

Wobei kannst du um Hilfe bitten? ❓

Was könntest du einfach als einen Wunsch formulieren?

Was KANNST du nicht (mehr) tun? ✕

Markiere die To-Dos entsprechend und überlegt dir dein Vorgehen.

○ ....

○ ....

○ ....

○ ....

○ ....

○ ....

Mecker Ecke - lass es raus!

Was nervt/frustriert dich? Was macht dich wütend? Was erwartest du von deinem Mann? Was macht er falsch?

_____

_____

_____

_____

_____

Und nun: was wünscht du dir als Ergebnis für dich?

_____

_____

_____

Und nun sag ihm was du dir wünscht und lass die Magie geschehen!

Heute ist ....(Tag)............., der ....(Datum)..........

Ich wünsche mir

1.	11.
2.	12.
3.	13.
4.	14.
5.	15.
6.	16.
7.	17.
8.	18.
9.	19.
10.	20.

Ich bin (meinem Mann) dankbar...

1.

2.

3.

4.

5.

6.

7.

8.

9.

10.

Not-To-Do-Liste

Was WILLST du tun? ✓

Wobei kannst du um Hilfe bitten? **?**

Was könntest du einfach als einen Wunsch formulieren?

Was KANNST du nicht (mehr) tun? ✕

Markiere die To-Dos entsprechend und überlegt dir dein Vorgehen.

○ ....

○ ....

○ ....

○ ....

○ ....

○ ....

Mecker Ecke - lass es raus!

Was nervt/frustriert dich? Was macht dich wütend? Was erwartest du von deinem Mann? Was macht er falsch?

_____

_____

_____

_____

_____

_____

Und nun: was wünscht du dir als Ergebnis für dich?

_____

_____

_____

Und nun sag ihm was du dir wünscht und lass die Magie geschehen!

Woche

Diese Woche fokussiere ich mich auf...

- ○ "Ich wünsche mir/ ich würde gerne..."
- ○ "Ich kann nicht"
- ○ "Autsch"
- ○ "Danke, dass du..."
- ○ "Tut mir leid, das war respektlos."
- ○ "Wie du denkst, ist es gut"
- ○ "Ich vertraue dir"
- ○ "Würdest du mir helfen...?"
- ○ "Ich würde gerne...., darf ich...?"
- ○ ....
- ○ ....
- ○ ....
- ○ ....

Auswertung

Welche magischen Erlebnisse hattest du? Was willst du beibehalten? Was willst du verändern? Was hat sich verändert? Womit hast du dich unwohl gefühlt? Warum?

_____

_____

_____

_____

_____

_____

_____

_____

_____

Heute ist ....(Tag)............., der ....(Datum)..........

Ich wünsche mir

1.	11.
2.	12.
3.	13.
4.	14.
5.	15.
6.	16.
7.	17.
8.	18.
9.	19.
10.	20.

Ich bin (meinem Mann) dankbar...

1.

2.

3.

4.

5.

6.

7.

8.

9.

10.

Not-To-Do-Liste

Was WILLST du tun? ✓

Wobei kannst du um Hilfe bitten? ?

Was könntest du einfach als einen Wunsch formulieren?

Was KANNST du nicht (mehr) tun? ✗

Markiere die To-Dos entsprechend und überlegt dir dein Vorgehen.

- ○ ....
- ○ ....
- ○ ....
- ○ ....
- ○ ....
- ○ ....

Mecker Ecke - lass es raus!

Was nervt/frustriert dich? Was macht dich wütend? Was erwartest du von deinem Mann? Was macht er falsch?

_____

_____

_____

_____

_____

Und nun: was wünscht du dir als Ergebnis für dich?

_____

_____

_____

Und nun sag ihm was du dir wünschst und lass die Magie geschehen!

Heute ist ....(Tag).........., der ....(Datum)..........

Ich wünsche mir

1.	11.
2.	12.
3.	13.
4.	14.
5.	15.
6.	16.
7.	17.
8.	18.
9.	19.
10.	20.

Ich bin (meinem Mann) dankbar...

1.

2.

3.

4.

5.

6.

7.

8.

9.

10.

Not-To-Do-Liste

Was WILLST du tun? ✓

Wobei kannst du um Hilfe bitten? ❓

Was könntest du einfach als einen Wunsch formulieren?

Was KANNST du nicht (mehr) tun? ✗

Markiere die To-Dos entsprechend und überlegt dir dein Vorgehen.

○ ....

○ ....

○ ....

○ ....

○ ....

○ ....

Mecker Ecke - lass es raus!

Was nervt/frustriert dich? Was macht dich wütend? Was erwartest du von deinem Mann? Was macht er falsch?

_____

_____

_____

_____

_____

_____

Und nun: was wünscht du dir als Ergebnis für dich?

_____

_____

_____

Und nun sag ihm was du dir wünscht und lass die Magie geschehen!

Heute ist ....(Tag)............., der ....(Datum)..........

Ich wünsche mir

1.   11.

2.   12.

3.   13.

4.   14.

5.   15.

6.   16.

7.   17.

8.   18.

9.   19.

10.   20.

Ich bin (meinem Mann) dankbar...

1.

2.

3.

4.

5.

6.

7.

8.

9.

10.

Not-To-Do-Liste

Was WILLST du tun? ✓

Wobei kannst du um Hilfe bitten? **?**

Was könntest du einfach als einen Wunsch formulieren?

Was KANNST du nicht (mehr) tun? ✗

Markiere die To-Dos entsprechend und überlegt dir dein Vorgehen.

- ○ ....
- ○ ....
- ○ ....
- ○ ....
- ○ ....
- ○ ....

Mecker Ecke - lass es raus!

Was nervt/frustriert dich? Was macht dich wütend? Was erwartest du von deinem Mann? Was macht er falsch?

_____

_____

_____

_____

_____

Und nun: was wünscht du dir als Ergebnis für dich?

_____

_____

_____

Und nun sag ihm was du dir wünscht und lass die Magie geschehen!

Heute ist ....(Tag)............., der ....(Datum)..........

Ich wünsche mir

1.	11.
2.	12.
3.	13.
4.	14.
5.	15.
6.	16.
7.	17.
8.	18.
9.	19.
10.	20.

Ich bin (meinem Mann) dankbar...

1.

2.

3.

4.

5.

6.

7.

8.

9.

10.

Not-To-Do-Liste

Was WILLST du tun? ✓

Wobei kannst du um Hilfe bitten? **?**

Was könntest du einfach als einen Wunsch formulieren?

Was KANNST du nicht (mehr) tun? ✗

Markiere die To-Dos entsprechend und überlegt dir dein Vorgehen.

○ ....

○ ....

○ ....

○ ....

○ ....

○ ....

Mecker Ecke - lass es raus!

Was nervt/frustriert dich? Was macht dich wütend? Was erwartest du von deinem Mann? Was macht er falsch?

_____

_____

_____

_____

_____

Und nun: was wünscht du dir als Ergebnis für dich?

_____

_____

_____

Und nun sag ihm was du dir wünscht und lass die Magie geschehen!

Heute ist ....(Tag)............., der ....(Datum)..........

Ich wünsche mir

1. 11.
2. 12.
3. 13.
4. 14.
5. 15.
6. 16.
7. 17.
8. 18.
9. 19.
10. 20.

Ich bin (meinem Mann) dankbar...

1.
2.
3.
4.
5.
6.
7.
8.
9.
10.

Not-To-Do-Liste

Was WILLST du tun? ✓

Wobei kannst du um Hilfe bitten? ❓

Was könntest du einfach als einen Wunsch formulieren?

Was KANNST du nicht (mehr) tun? ✗

Markiere die To-Dos entsprechend und überlegt dir dein Vorgehen.

○ ....

○ ....

○ ....

○ ....

○ ....

○ ....

Mecker Ecke - lass es raus!

Was nervt/frustriert dich? Was macht dich wütend? Was erwartest du von deinem Mann? Was macht er falsch?

_____

_____

_____

_____

_____

_____

Und nun: was wünscht du dir als Ergebnis für dich?

_____

_____

_____

Und nun sag ihm was du dir wünscht und lass die Magie geschehen!

Heute ist ....(Tag).............., der ....(Datum)..........

Ich wünsche mir

1.	11.
2.	12.
3.	13.
4.	14.
5.	15.
6.	16.
7.	17.
8.	18.
9.	19.
10.	20.

Ich bin (meinem Mann) dankbar...

1.

2.

3.

4.

5.

6.

7.

8.

9.

10.

Not-To-Do-Liste

Was WILLST du tun? ✓

Wobei kannst du um Hilfe bitten? ?

Was könntest du einfach als einen Wunsch formulieren?

Was KANNST du nicht (mehr) tun? ✗

Markiere die To-Dos entsprechend und überlegt dir dein Vorgehen.

○ ....

○ ....

○ ....

○ ....

○ ....

○ ....

Mecker Ecke - lass es raus!

Was nervt/frustriert dich? Was macht dich wütend? Was erwartest du von deinem Mann? Was macht er falsch?

_____

_____

_____

_____

_____

Und nun: was wünscht du dir als Ergebnis für dich?

_____

_____

_____

Und nun sag ihm was du dir wünscht und lass die Magie geschehen!

Heute ist ....(Tag)............., der ....(Datum)..........

Ich wünsche mir

1.	11.
2.	12.
3.	13.
4.	14.
5.	15.
6.	16.
7.	17.
8.	18.
9.	19.
10.	20.

Ich bin (meinem Mann) dankbar...

1.

2.

3.

4.

5.

6.

7.

8.

9.

10.

Not-To-Do-Liste

Was WILLST du tun? ✓

Wobei kannst du um Hilfe bitten? **?**

Was könntest du einfach als einen Wunsch formulieren?

Was KANNST du nicht (mehr) tun? ✗

Markiere die To-Dos entsprechend und überlegt dir dein Vorgehen.

○ ....

○ ....

○ ....

○ ....

○ ....

○ ....

Mecker Ecke - lass es raus!

Was nervt/frustriert dich? Was macht dich wütend? Was erwartest du von deinem Mann? Was macht er falsch?

_____

_____

_____

_____

_____

Und nun: was wünscht du dir als Ergebnis für dich?

_____

_____

_____

Und nun sag ihm was du dir wünschst und lass die Magie geschehen!

Meine neuen Gewohnheiten im ......(Monat)

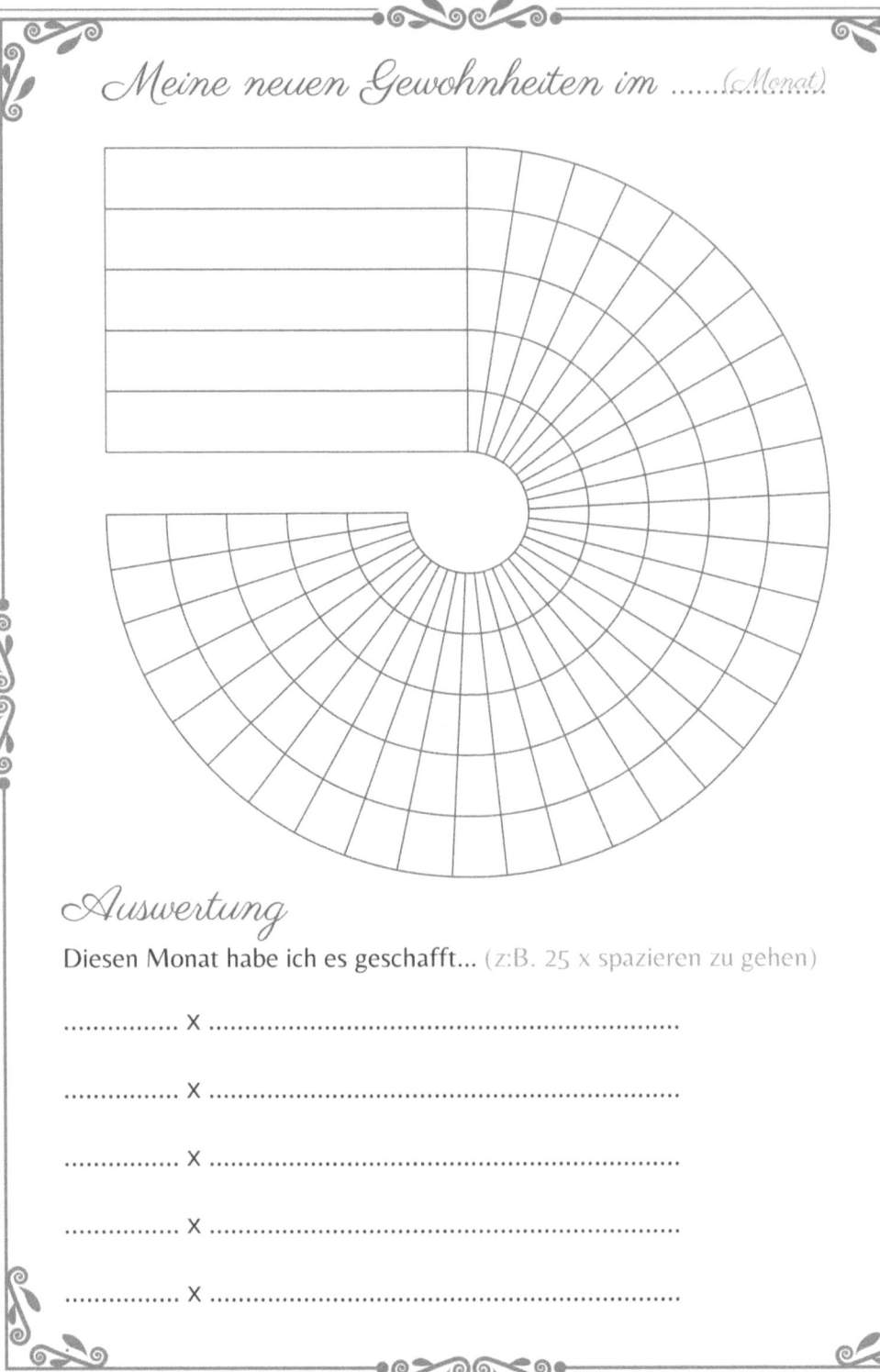

Auswertung

Diesen Monat habe ich es geschafft... (z:B. 25 x spazieren zu gehen)

.... X ....

.... X ....

.... X ....

.... X ....

.... X ....

Woche

Diese Woche fokussiere ich mich auf...

- ○ "Ich wünsche mir/ ich würde gerne..."
- ○ "Ich kann nicht"
- ○ "Autsch"
- ○ "Danke, dass du..."
- ○ "Tut mir leid, das war respektlos."
- ○ "Wie du denkst, ist es gut"
- ○ "Ich vertraue dir"
- ○ "Würdest du mir helfen...?"
- ○ "Ich würde gerne...., darf ich...?"
- ○
- ○
- ○
- ○

Auswertung

Welche magischen Erlebnisse hattest du? Was willst du beibehalten? Was willst du verändern? Was hat sich verändert? Womit hast du dich unwohl gefühlt? Warum?

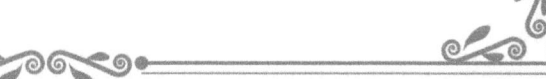

Heute ist ....(Tag)............, der ....(Datum).........

Ich wünsche mir

1.	11.
2.	12.
3.	13.
4.	14.
5.	15.
6.	16.
7.	17.
8.	18.
9.	19.
10.	20.

Ich bin (meinem Mann) dankbar...

1.

2.

3.

4.

5.

6.

7.

8.

9.

10.

Not-To-Do-Liste

Was WILLST du tun? ✓

Wobei kannst du um Hilfe bitten? **?**

Was könntest du einfach als einen Wunsch formulieren?

Was KANNST du nicht (mehr) tun? ✗

Markiere die To-Dos entsprechend und überlegt dir dein Vorgehen.

○ ....

○ ....

○ ....

○ ....

○ ....

○ ....

Mecker Ecke - lass es raus!

Was nervt/frustriert dich? Was macht dich wütend? Was erwartest du von deinem Mann? Was macht er falsch?

_____

_____

_____

_____

_____

_____

Und nun: was wünscht du dir als Ergebnis für dich?

_____

_____

_____

Und nun sag ihm was du dir wünscht und lass die Magie geschehen!

Heute ist ....(Tag)............., der ....(Datum)..........

Ich wünsche mir

1.	11.
2.	12.
3.	13.
4.	14.
5.	15.
6.	16.
7.	17.
8.	18.
9.	19.
10.	20.

Ich bin (meinem Mann) dankbar...

1.

2.

3.

4.

5.

6.

7.

8.

9.

10.

Not-To-Do-Liste

Was WILLST du tun? ✓

Wobei kannst du um Hilfe bitten? ?

Was könntest du einfach als einen Wunsch formulieren?

Was KANNST du nicht (mehr) tun? ✗

Markiere die To-Dos entsprechend und überlegt dir dein Vorgehen.

○ ....

○ ....

○ ....

○ ....

○ ....

○ ....

Mecker Ecke - lass es raus!

Was nervt/frustriert dich? Was macht dich wütend? Was erwartest du von deinem Mann? Was macht er falsch?

_____

_____

_____

_____

_____

Und nun: was wünscht du dir als Ergebnis für dich?

_____

_____

_____

Und nun sag ihm was du dir wünscht und lass die Magie geschehen!

Heute ist ....(Tag)..............., der ....(Datum)...........

Ich wünsche mir

1.	11.
2.	12.
3.	13.
4.	14.
5.	15.
6.	16.
7.	17.
8.	18.
9.	19.
10.	20.

Ich bin (meinem Mann) dankbar...

1.

2.

3.

4.

5.

6.

7.

8.

9.

10.

Not-To-Do-Liste

Was WILLST du tun? ✓

Wobei kannst du um Hilfe bitten? **?**

Was könntest du einfach als einen Wunsch formulieren?

Was KANNST du nicht (mehr) tun? ✗

Markiere die To-Dos entsprechend und überlegt dir dein Vorgehen.

○ ....

○ ....

○ ....

○ ....

○ ....

○ ....

Mecker Ecke - lass es raus!

Was nervt/frustriert dich? Was macht dich wütend? Was erwartest du
von deinem Mann? Was macht er falsch?

_____

_____

_____

_____

_____

_____

Und nun: was wünscht du dir als Ergebnis für dich?

_____

_____

_____

Und nun sag ihm was du dir wünscht und lass die Magie geschehen!

Heute ist ....(Tag)..........., der ....(Datum)..........

Ich wünsche mir

1.	11.
2.	12.
3.	13.
4.	14.
5.	15.
6.	16.
7.	17.
8.	18.
9.	19.
10.	20.

Ich bin (meinem Mann) dankbar...

1.

2.

3.

4.

5.

6.

7.

8.

9.

10.

Not-To-Do-Liste

Was WILLST du tun? ✓

Wobei kannst du um Hilfe bitten? **?**

Was könntest du einfach als einen Wunsch formulieren?

Was KANNST du nicht (mehr) tun? ✗

Markiere die To-Dos entsprechend und überlegt dir dein Vorgehen.

○ ....

○ ....

○ ....

○ ....

○ ....

○ ....

Mecker Ecke - lass es raus!

Was nervt/frustriert dich? Was macht dich wütend? Was erwartest du von deinem Mann? Was macht er falsch?

Und nun: was wünscht du dir als Ergebnis für dich?

Und nun sag ihm was du dir wünscht und lass die Magie geschehen!

Heute ist ....(Tag)............, der ....(Datum)..........

Ich wünsche mir

1.   11.

2.   12.

3.   13.

4.   14.

5.   15.

6.   16.

7.   17.

8.   18.

9.   19.

10.   20.

Ich bin (meinem Mann) dankbar...

1.

2.

3.

4.

5.

6.

7.

8.

9.

10.

Not-To-Do-Liste

Was WILLST du tun? ✓

Wobei kannst du um Hilfe bitten? **?**

Was könntest du einfach als einen Wunsch formulieren?

Was KANNST du nicht (mehr) tun? ✗

Markiere die To-Dos entsprechend und überlegt dir dein Vorgehen.

○ ....

○ ....

○ ....

○ ....

○ ....

○ ....

Mecker Ecke - lass es raus!

Was nervt/frustriert dich? Was macht dich wütend? Was erwartest du
von deinem Mann? Was macht er falsch?

_____

_____

_____

_____

_____

_____

Und nun: was wünscht du dir als Ergebnis für dich?

_____

_____

_____

Und nun sag ihm was du dir wünscht und lass die Magie geschehen!

Heute ist ....(Tag)............., der ....(Datum)..........

Ich wünsche mir

1.	11.
2.	12.
3.	13.
4.	14.
5.	15.
6.	16.
7.	17.
8.	18.
9.	19.
10.	20.

Ich bin (meinem Mann) dankbar...

1.

2.

3.

4.

5.

6.

7.

8.

9.

10.

Not-To-Do-Liste

Was WILLST du tun? ✓
Wobei kannst du um Hilfe bitten? ?
Was könntest du einfach als einen Wunsch formulieren?
Was KANNST du nicht (mehr) tun? ✗
Markiere die To-Dos entsprechend und überlegt dir dein Vorgehen.

○ ....
○ ....
○ ....
○ ....
○ ....
○ ....
○ ....
○ ....
○ ....
○ ....

Mecker Ecke - lass es raus!

Was nervt/frustriert dich? Was macht dich wütend? Was erwartest du von deinem Mann? Was macht er falsch?

_____

_____

_____

_____

_____

_____

Und nun: was wünscht du dir als Ergebnis für dich?

_____

_____

_____

Und nun sag ihm was du dir wünscht und lass die Magie geschehen!

Heute ist ....(Tag)............, der ....(Datum)..........

Ich wünsche mir

1.	11.
2.	12.
3.	13.
4.	14.
5.	15.
6.	16.
7.	17.
8.	18.
9.	19.
10.	20.

Ich bin (meinem Mann) dankbar...

1.

2.

3.

4.

5.

6.

7.

8.

9.

10.

Heute ist ....(Tag)................, *der* ....(Datum)..................

Ich wünsche mir für mich, für heute oder irgendwann...

1.	11.
2.	12.
3.	13.
4.	14.
5.	15.
6.	16.
7.	17.
8.	18.
9.	19.
10.	20.

Ich bin (meinem Mann) dankbar...

1.

2.

3.

4.

5.

6.

7.

8.

9.

10.

Woche

Diese Woche fokussiere ich mich auf...

- ○ "Ich wünsche mir/ ich würde gerne..."
- ○ "Ich kann nicht"
- ○ "Autsch"
- ○ "Danke, dass du..."
- ○ "Tut mir leid, das war respektlos."
- ○ "Wie du denkst, ist es gut"
- ○ "Ich vertraue dir"
- ○ "Würdest du mir helfen...?"
- ○ "Ich würde gerne...., darf ich...?"
- ○
- ○
- ○
- ○

Auswertung

Welche magischen Erlebnisse hattest du? Was willst du
beibehalten? Was willst du verändern? Was hat sich
verändert? Womit hast du dich unwohl gefühlt? Warum?

Heute ist ....(Tag)............, der ....(Datum)..........

Ich wünsche mir

1.	11.
2.	12.
3.	13.
4.	14.
5.	15.
6.	16.
7.	17.
8.	18.
9.	19.
10.	20.

Ich bin (meinem Mann) dankbar...

1.

2.

3.

4.

5.

6.

7.

8.

9.

10.

Not-To-Do-Liste

Was WILLST du tun? ✓

Wobei kannst du um Hilfe bitten? **?**

Was könntest du einfach als einen Wunsch formulieren?

Was KANNST du nicht (mehr) tun? ✗

Markiere die To-Dos entsprechend und überlegt dir dein Vorgehen.

○ ....

○ ....

○ ....

○ ....

○ ....

○ ....

Mecker Ecke - lass es raus!

Was nervt/frustriert dich? Was macht dich wütend? Was erwartest du
von deinem Mann? Was macht er falsch?

_____

_____

_____

_____

_____

_____

Und nun: was wünscht du dir als Ergebnis für dich?

_____

_____

_____

Und nun sag ihm was du dir wünscht und lass die Magie geschehen!

Heute ist ....(Tag)............., der ....(Datum)...........

Ich wünsche mir

1.	11.
2.	12.
3.	13.
4.	14.
5.	15.
6.	16.
7.	17.
8.	18.
9.	19.
10.	20.

Ich bin (meinem Mann) dankbar...

1.

2.

3.

4.

5.

6.

7.

8.

9.

10.

Not-To-Do-Liste

Was WILLST du tun? ✓

Wobei kannst du um Hilfe bitten? **?**

Was könntest du einfach als einen Wunsch formulieren?

Was KANNST du nicht (mehr) tun? ✕

Markiere die To-Dos entsprechend und überlegt dir dein Vorgehen.

○ ....

○ ....

○ ....

○ ....

○ ....

○ ....

Mecker Ecke – lass es raus!

Was nervt/frustriert dich? Was macht dich wütend? Was erwartest du
von deinem Mann? Was macht er falsch?

_____

_____

_____

_____

_____

_____

Und nun: was wünscht du dir als Ergebnis für dich?

_____

_____

_____

Und nun sag ihm was du dir wünscht und lass die Magie geschehen!

Heute ist ....(Tag)............., der ....(Datum)..........

Ich wünsche mir

1.	11.
2.	12.
3.	13.
4.	14.
5.	15.
6.	16.
7.	17.
8.	18.
9.	19.
10.	20.

Ich bin (meinem Mann) dankbar...

1.

2.

3.

4.

5.

6.

7.

8.

9.

10.

Not-To-Do-Liste

Was WILLST du tun? ✓

Wobei kannst du um Hilfe bitten? **?**

Was könntest du einfach als einen Wunsch formulieren?

Was KANNST du nicht (mehr) tun? ✗

Markiere die To-Dos entsprechend und überlegt dir dein Vorgehen.

○ ....

○ ....

○ ....

○ ....

○ ....

○ ....

Mecker Ecke - lass es raus!

Was nervt/frustriert dich? Was macht dich wütend? Was erwartest du
von deinem Mann? Was macht er falsch?

_____

_____

_____

_____

_____

Und nun: was wünscht du dir als Ergebnis für dich?

_____

_____

_____

Und nun sag ihm was du dir wünscht und lass die Magie geschehen!

Heute ist ....(Tag)............., der ....(Datum)..........

Ich wünsche mir

1.

2.

3.

4.

5.

6.

7.

8.

9.

10.

11.

12.

13.

14.

15.

16.

17.

18.

19.

20.

Ich bin (meinem Mann) dankbar...

1.

2.

3.

4.

5.

6.

7.

8.

9.

10.

Not-To-Do-Liste

Was WILLST du tun? ✓

Wobei kannst du um Hilfe bitten? **?**

Was könntest du einfach als einen Wunsch formulieren?

Was KANNST du nicht (mehr) tun? ✗

Markiere die To-Dos entsprechend und überlegt dir dein Vorgehen.

○ ....

○ ....

○ ....

○ ....

○ ....

○ ....

Mecker Ecke - lass es raus!

Was nervt/frustriert dich? Was macht dich wütend? Was erwartest du von deinem Mann? Was macht er falsch?

Und nun: was wünscht du dir als Ergebnis für dich?

Und nun sag ihm was du dir wünscht und lass die Magie geschehen!

Heute ist ....(Tag)..........., der ....(Datum)..........

Ich wünsche mir

1.	11.
2.	12.
3.	13.
4.	14.
5.	15.
6.	16.
7.	17.
8.	18.
9.	19.
10.	20.

Ich bin (meinem Mann) dankbar...

1.

2.

3.

4.

5.

6.

7.

8.

9.

10.

Not-To-Do-Liste

Was WILLST du tun? ✓

Wobei kannst du um Hilfe bitten? **?**

Was könntest du einfach als einen Wunsch formulieren?

Was KANNST du nicht (mehr) tun? ✗

Markiere die To-Dos entsprechend und überlegt dir dein Vorgehen.

○ ....

○ ....

○ ....

○ ....

○ ....

○ ....

Mecker Ecke - lass es raus!

Was nervt/frustriert dich? Was macht dich wütend? Was erwartest du
von deinem Mann? Was macht er falsch?

_____

_____

_____

_____

_____

_____

Und nun: was wünscht du dir als Ergebnis für dich?

_____

_____

_____

Und nun sag ihm was du dir wünscht und lass die Magie geschehen!

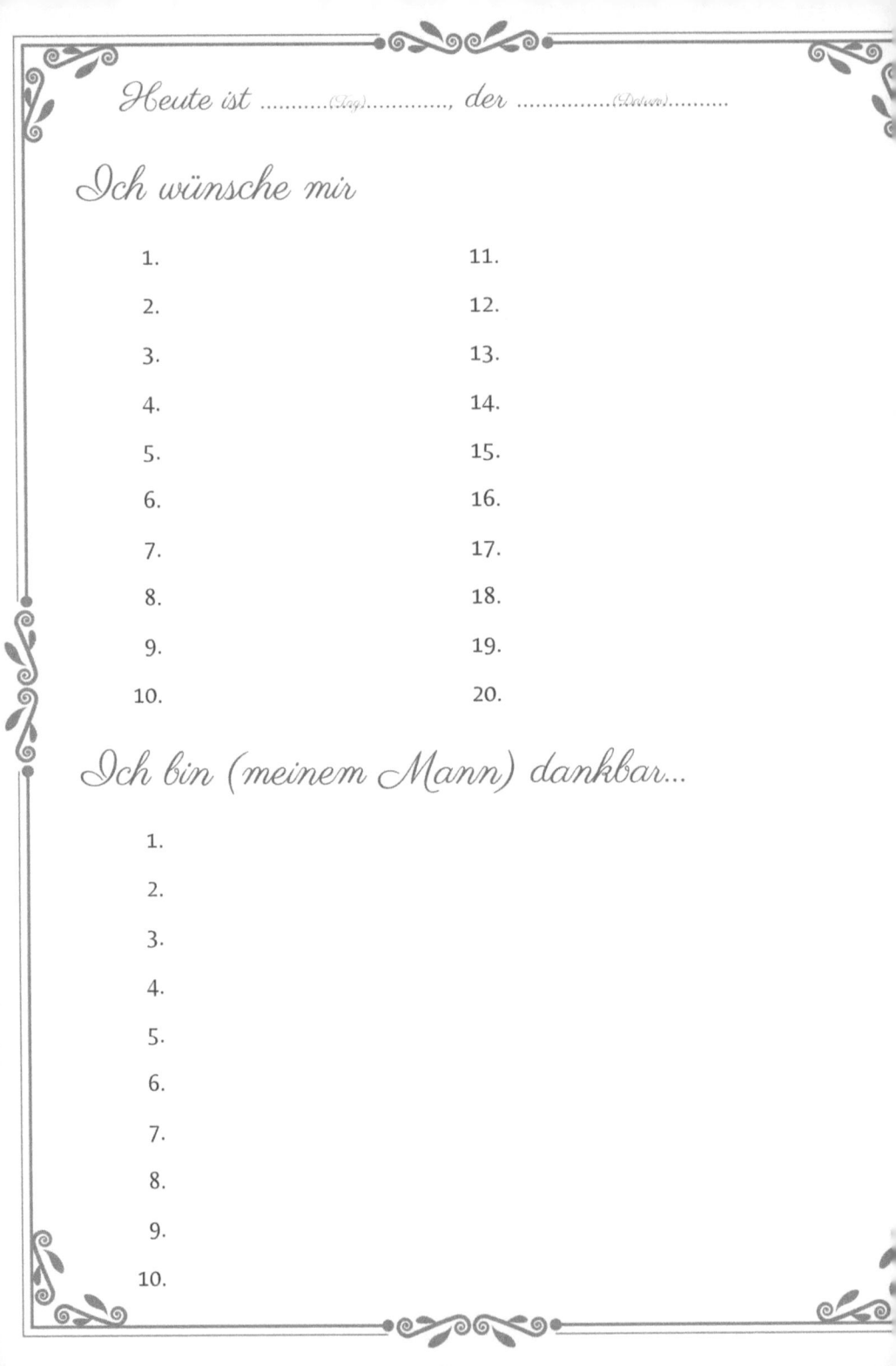

Heute ist ....(Tag)............, der ....(Datum)..........

Ich wünsche mir

1.	11.
2.	12.
3.	13.
4.	14.
5.	15.
6.	16.
7.	17.
8.	18.
9.	19.
10.	20.

Ich bin (meinem Mann) dankbar...

1.

2.

3.

4.

5.

6.

7.

8.

9.

10.

Not-To-Do-Liste

Was WILLST du tun? ✓

Wobei kannst du um Hilfe bitten? **?**

Was könntest du einfach als einen Wunsch formulieren?

Was KANNST du nicht (mehr) tun? ✗

Markiere die To-Dos entsprechend und überlegt dir dein Vorgehen.

○ ....

○ ....

○ ....

○ ....

○ ....

○ ....

Mecker Ecke - lass es raus!

Was nervt/frustriert dich? Was macht dich wütend? Was erwartest du
von deinem Mann? Was macht er falsch?

_____

_____

_____

_____

_____

_____

Und nun: was wünscht du dir als Ergebnis für dich?

_____

_____

_____

Und nun sag ihm was du dir wünscht und lass die Magie geschehen!

Heute ist ....(Tag).............., der ....(Datum)..........

Ich wünsche mir

1.	11.
2.	12.
3.	13.
4.	14.
5.	15.
6.	16.
7.	17.
8.	18.
9.	19.
10.	20.

Ich bin (meinem Mann) dankbar...

1.

2.

3.

4.

5.

6.

7.

8.

9.

10.

Not-To-Do-Liste

Was WILLST du tun? ✓

Wobei kannst du um Hilfe bitten? ❓

Was könntest du einfach als einen Wunsch formulieren?

Was KANNST du nicht (mehr) tun? ✕

Markiere die To-Dos entsprechend und überlegt dir dein Vorgehen.

○ ....

○ ....

○ ....

○ ....

○ ....

○ ....

Mecker Ecke – lass es raus!

Was nervt/frustriert dich? Was macht dich wütend? Was erwartest du
von deinem Mann? Was macht er falsch?

_____

_____

_____

_____

_____

_____

Und nun: was wünscht du dir als Ergebnis für dich?

_____

_____

_____

Und nun sag ihm was du dir wünscht und lass die Magie geschehen!

Woche

Diese Woche fokussiere ich mich auf...

- ○ "Ich wünsche mir/ ich würde gerne..."
- ○ "Ich kann nicht"
- ○ "Autsch"
- ○ "Danke, dass du..."
- ○ "Tut mir leid, das war respektlos."
- ○ "Wie du denkst, ist es gut"
- ○ "Ich vertraue dir"
- ○ "Würdest du mir helfen...?"
- ○ "Ich würde gerne..., darf ich...?"
- ○ ....
- ○ ....
- ○ ....
- ○ ....

Auswertung

Welche magischen Erlebnisse hattest du? Was willst du beibehalten? Was willst du verändern? Was hat sich verändert? Womit hast du dich unwohl gefühlt? Warum?

_____

_____

_____

_____

_____

_____

_____

_____

_____

Heute ist ....(Tag).............., der ....(Datum)..........

Ich wünsche mir

1.	11.
2.	12.
3.	13.
4.	14.
5.	15.
6.	16.
7.	17.
8.	18.
9.	19.
10.	20.

Ich bin (meinem Mann) dankbar...

1.

2.

3.

4.

5.

6.

7.

8.

9.

10.

Not-To-Do-Liste

Was WILLST du tun? ✓

Wobei kannst du um Hilfe bitten? **?**

Was könntest du einfach als einen Wunsch formulieren?

Was KANNST du nicht (mehr) tun? ✗

Markiere die To-Dos entsprechend und überlegt dir dein Vorgehen.

○ ....

○ ....

○ ....

○ ....

○ ....

○ ....

Mecker Ecke - lass es raus!

Was nervt/frustriert dich? Was macht dich wütend? Was erwartest du von deinem Mann? Was macht er falsch?

_____

_____

_____

_____

_____

_____

_____

Und nun: was wünscht du dir als Ergebnis für dich?

_____

_____

_____

Und nun sag ihm was du dir wünscht und lass die Magie geschehen!

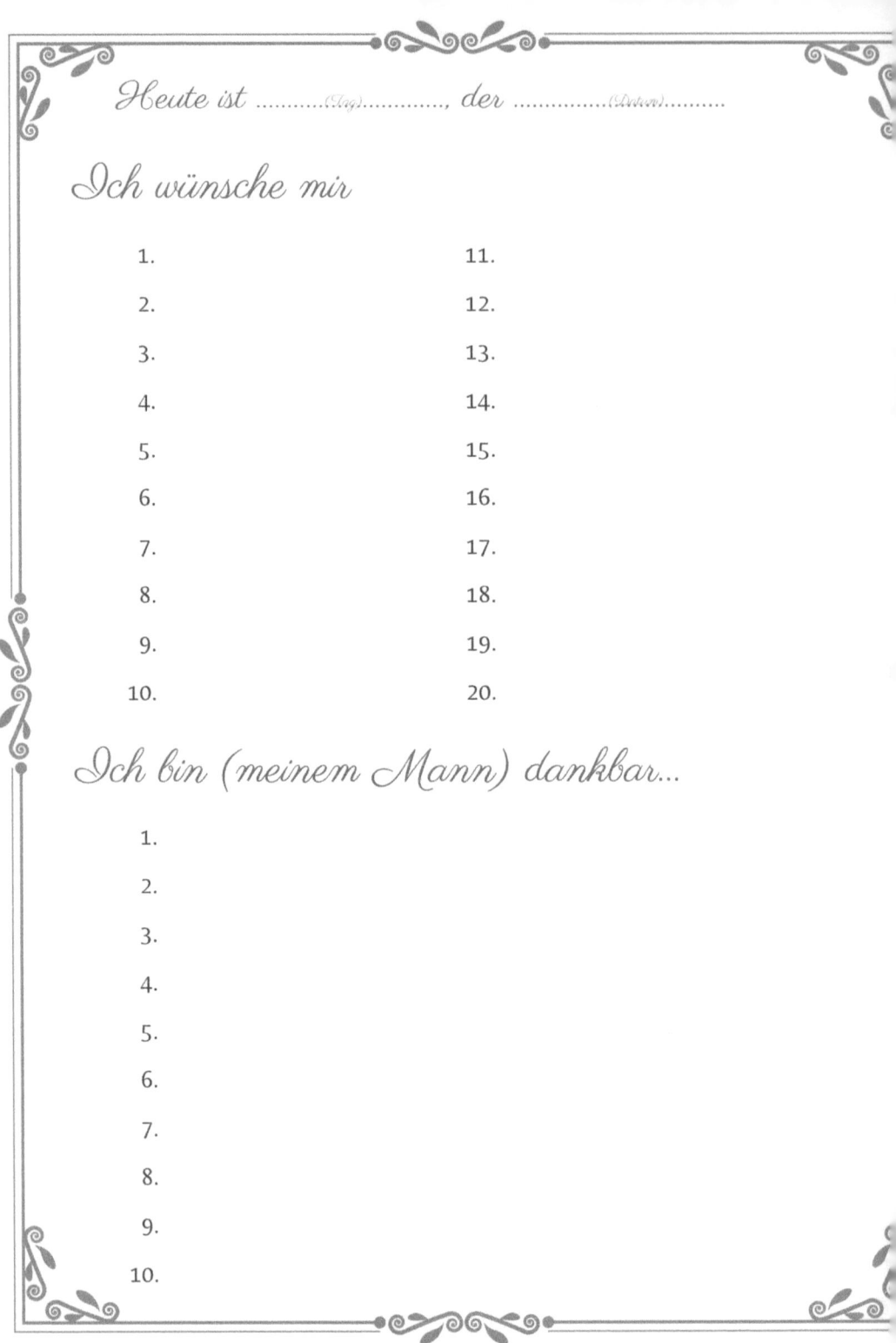

Heute ist ....(Tag).............., der ....(Datum)...........

Ich wünsche mir

1.   11.

2.   12.

3.   13.

4.   14.

5.   15.

6.   16.

7.   17.

8.   18.

9.   19.

10.   20.

Ich bin (meinem Mann) dankbar...

1.

2.

3.

4.

5.

6.

7.

8.

9.

10.

Not-To-Do-Liste

Was WILLST du tun? ✓

Wobei kannst du um Hilfe bitten? **?**

Was könntest du einfach als einen Wunsch formulieren?

Was KANNST du nicht (mehr) tun? ✗

Markiere die To-Dos entsprechend und überlegt dir dein Vorgehen.

○ ....

○ ....

○ ....

○ ....

○ ....

○ ....

Mecker Ecke - lass es raus!

Was nervt/frustriert dich? Was macht dich wütend? Was erwartest du von deinem Mann? Was macht er falsch?

_____

_____

_____

_____

_____

_____

Und nun: was wünscht du dir als Ergebnis für dich?

_____

_____

_____

Und nun sag ihm was du dir wünscht und lass die Magie geschehen!

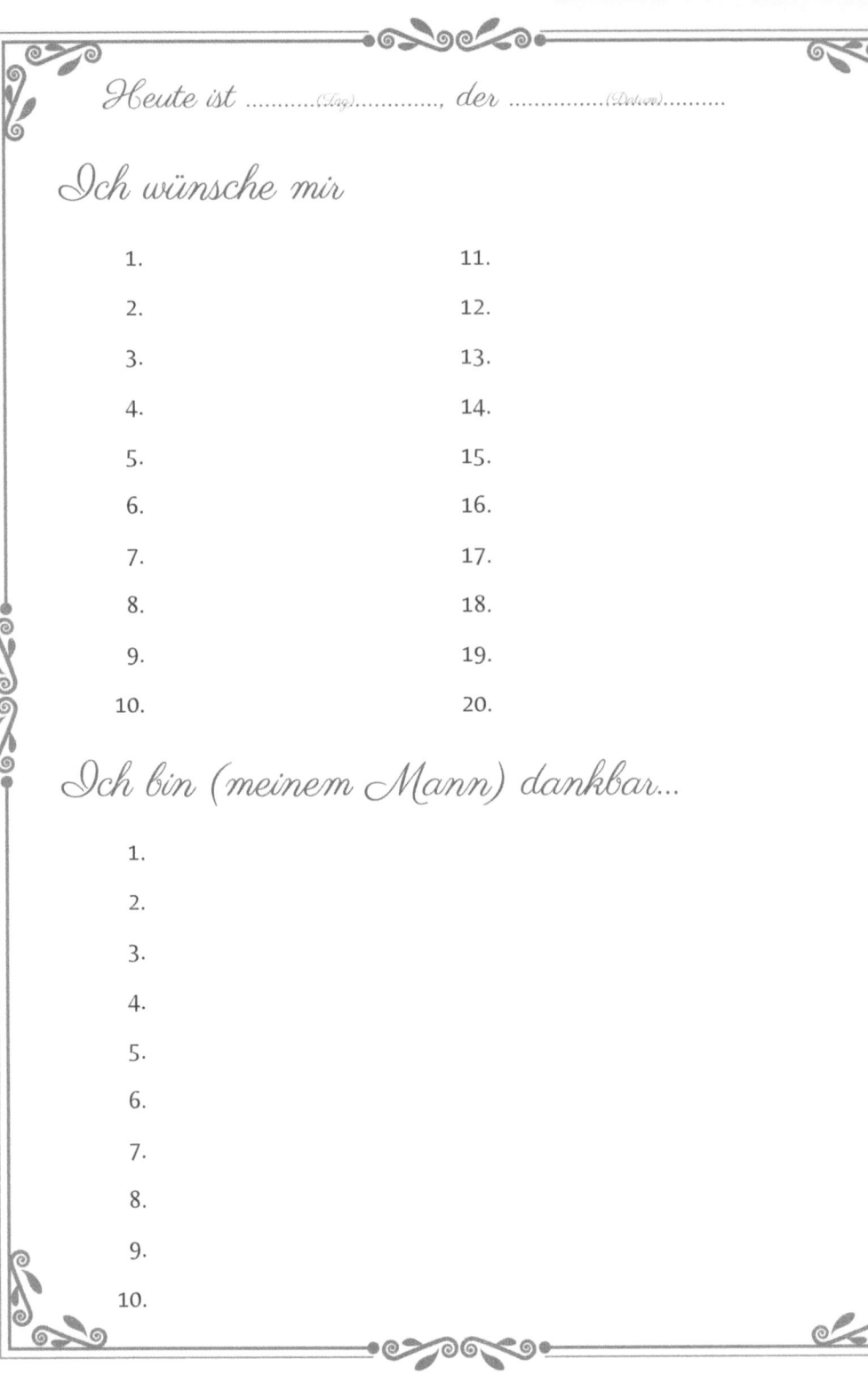

Heute ist ....(Tag)............., der ....(Datum)..........

Ich wünsche mir

1.	11.
2.	12.
3.	13.
4.	14.
5.	15.
6.	16.
7.	17.
8.	18.
9.	19.
10.	20.

Ich bin (meinem Mann) dankbar...

1.

2.

3.

4.

5.

6.

7.

8.

9.

10.

Not-To-Do-Liste

Was WILLST du tun? ✓

Wobei kannst du um Hilfe bitten? **?**

Was könntest du einfach als einen Wunsch formulieren?

Was KANNST du nicht (mehr) tun? ✗

Markiere die To-Dos entsprechend und überlegt dir dein Vorgehen.

○ ....

○ ....

○ ....

○ ....

○ ....

○ ....

Mecker Ecke - lass es raus!

Was nervt/frustriert dich? Was macht dich wütend? Was erwartest du von deinem Mann? Was macht er falsch?

Und nun: was wünscht du dir als Ergebnis für dich?

Und nun sag ihm was du dir wünscht und lass die Magie geschehen!

Heute ist ....(Tag).............., der ....(Datum).........

Ich wünsche mir

1.	11.
2.	12.
3.	13.
4.	14.
5.	15.
6.	16.
7.	17.
8.	18.
9.	19.
10.	20.

Ich bin (meinem Mann) dankbar...

1.

2.

3.

4.

5.

6.

7.

8.

9.

10.

Not-To-Do-Liste

Was WILLST du tun? ✓

Wobei kannst du um Hilfe bitten? **?**

Was könntest du einfach als einen Wunsch formulieren?

Was KANNST du nicht (mehr) tun? ✗

Markiere die To-Dos entsprechend und überlegt dir dein Vorgehen.

○ ....

○ ....

○ ....

○ ....

○ ....

○ ....

Mecker Ecke - lass es raus!

Was nervt/frustriert dich? Was macht dich wütend? Was erwartest du von deinem Mann? Was macht er falsch?

_____

_____

_____

_____

_____

Und nun: was wünscht du dir als Ergebnis für dich?

_____

_____

_____

Und nun sag ihm was du dir wünscht und lass die Magie geschehen!

Heute ist ....(Tag).............., der ....(Datum)...........

Ich wünsche mir

1.   11.
2.   12.
3.   13.
4.   14.
5.   15.
6.   16.
7.   17.
8.   18.
9.   19.
10.   20.

Ich bin (meinem Mann) dankbar...

1.
2.
3.
4.
5.
6.
7.
8.
9.
10.

Not-To-Do-Liste

Was WILLST du tun? ✓

Wobei kannst du um Hilfe bitten? **?**

Was könntest du einfach als einen Wunsch formulieren?

Was KANNST du nicht (mehr) tun? ✗

Markiere die To-Dos entsprechend und überlegt dir dein Vorgehen.

◯ ....

◯ ....

◯ ....

◯ ....

◯ ....

◯ ....

Mecker Ecke - lass es raus!

Was nervt/frustriert dich? Was macht dich wütend? Was erwartest du
von deinem Mann? Was macht er falsch?

_____

_____

_____

_____

_____

Und nun: was wünscht du dir als Ergebnis für dich?

_____

_____

_____

Und nun sag ihm was du dir wünscht und lass die Magie geschehen!

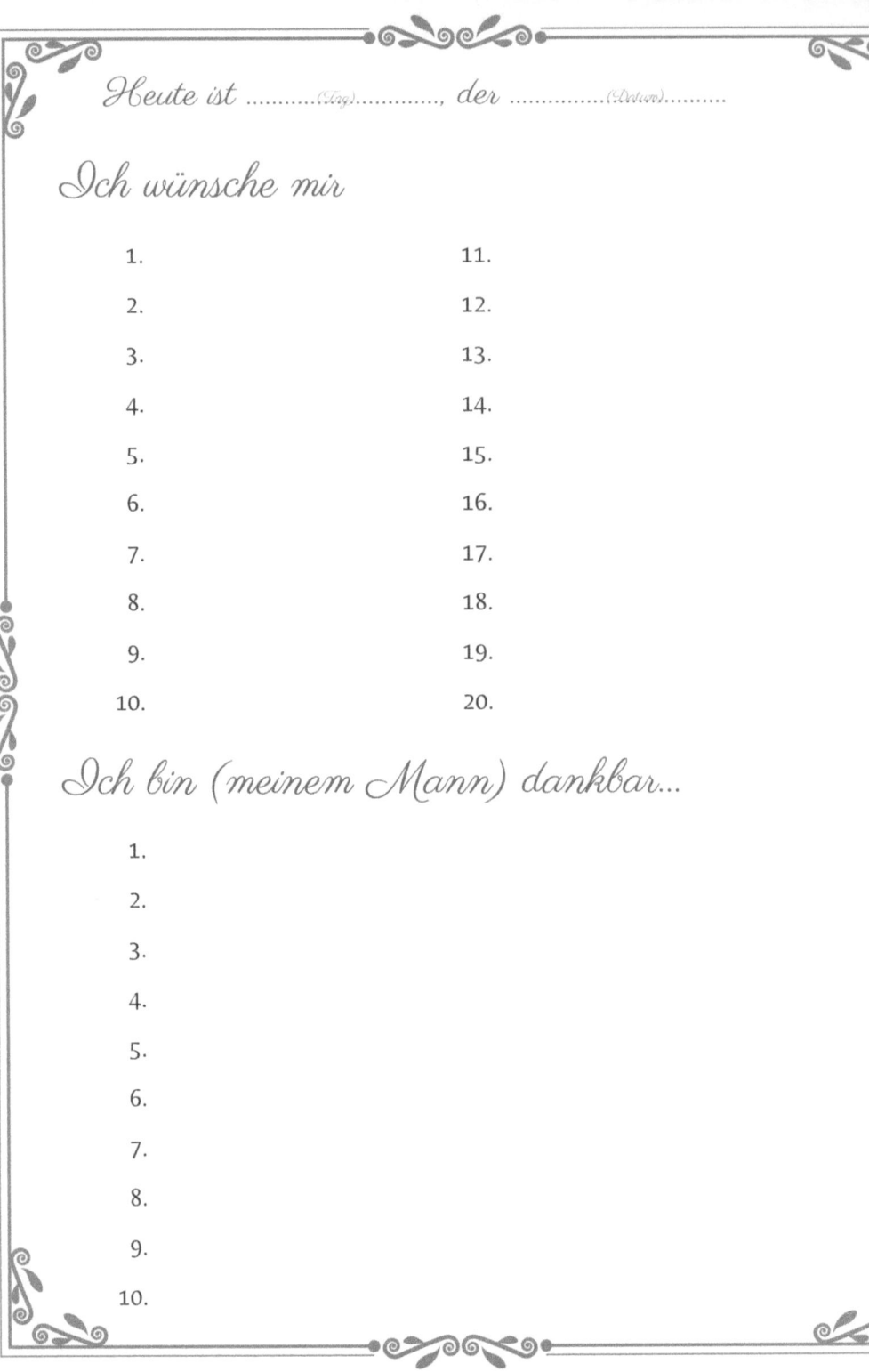

Heute ist ....(Tag)............, der ....(Datum)..........

Ich wünsche mir

1.	11.
2.	12.
3.	13.
4.	14.
5.	15.
6.	16.
7.	17.
8.	18.
9.	19.
10.	20.

Ich bin (meinem Mann) dankbar...

1.

2.

3.

4.

5.

6.

7.

8.

9.

10.

Not-To-Do-Liste

Was WILLST du tun? ✓

Wobei kannst du um Hilfe bitten? **?**

Was könntest du einfach als einen Wunsch formulieren?

Was KANNST du nicht (mehr) tun? ✗

Markiere die To-Dos entsprechend und überlegt dir dein Vorgehen.

○ ....

○ ....

○ ....

○ ....

○ ....

○ ....

Mecker Ecke - lass es raus!

Was nervt/frustriert dich? Was macht dich wütend? Was erwartest du von deinem Mann? Was macht er falsch?

_____

_____

_____

_____

_____

Und nun: was wünscht du dir als Ergebnis für dich?

_____

_____

_____

Und nun sag ihm was du dir wünscht und lass die Magie geschehen!

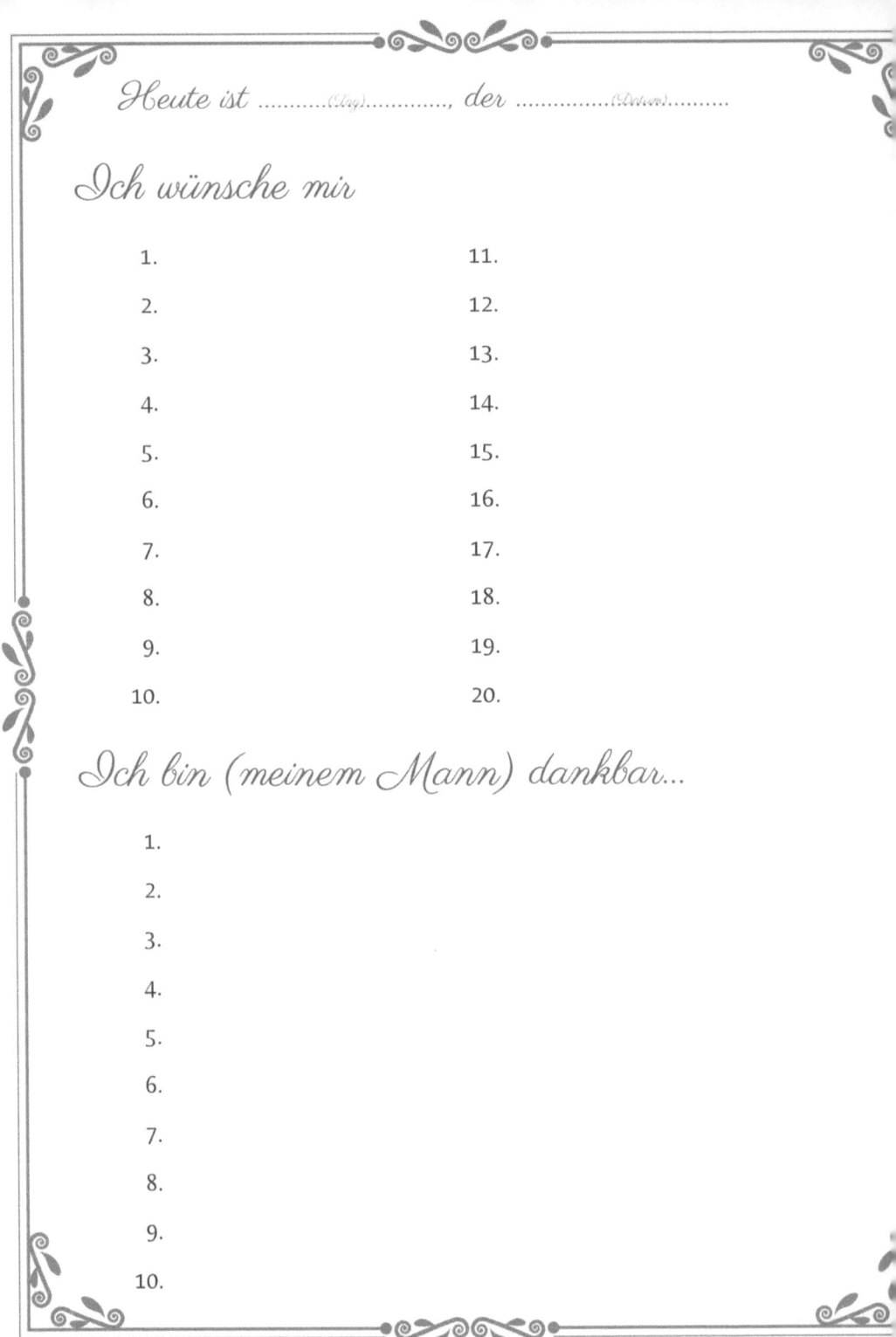

Heute ist ....(Tag)............., der ....(Datum)..........

Ich wünsche mir

1.	11.
2.	12.
3.	13.
4.	14.
5.	15.
6.	16.
7.	17.
8.	18.
9.	19.
10.	20.

Ich bin (meinem Mann) dankbar...

1.

2.

3.

4.

5.

6.

7.

8.

9.

10.

Not-To-Do-Liste

Was WILLST du tun? ✓

Wobei kannst du um Hilfe bitten? ?

Was könntest du einfach als einen Wunsch formulieren?

Was KANNST du nicht (mehr) tun? ✗

Markiere die To-Dos entsprechend und überlegt dir dein Vorgehen.

○ ....

○ ....

○ ....

○ ....

○ ....

○ ....

Mecker Ecke - lass es raus!

Was nervt/frustriert dich? Was macht dich wütend? Was erwartest du
von deinem Mann? Was macht er falsch?

_____

_____

_____

_____

_____

Und nun: was wünscht du dir als Ergebnis für dich?

_____

_____

_____

Und nun sag ihm was du dir wünscht und lass die Magie geschehen!

Woche #

Diese Woche fokussiere ich mich auf...

- ○ "Ich wünsche mir/ ich würde gerne..."
- ○ "Ich kann nicht"
- ○ "Autsch"
- ○ "Danke, dass du..."
- ○ "Tut mir leid, das war respektlos."
- ○ "Wie du denkst, ist es gut"
- ○ "Ich vertraue dir"
- ○ "Würdest du mir helfen...?"
- ○ "Ich würde gerne..., darf ich...?"
- ○ ....
- ○ ....
- ○ ....
- ○ ....

Auswertung

Welche magischen Erlebnisse hattest du? Was willst du
beibehalten? Was willst du verändern? Was hat sich
verändert? Womit hast du dich unwohl gefühlt? Warum?

_____

_____

_____

_____

_____

_____

_____

_____

_____

_____

Heute ist ....(Tag)............, der ....(Datum)..........

Ich wünsche mir

1.	11.
2.	12.
3.	13.
4.	14.
5.	15.
6.	16.
7.	17.
8.	18.
9.	19.
10.	20.

Ich bin (meinem Mann) dankbar...

1.

2.

3.

4.

5.

6.

7.

8.

9.

10.

Not-To-Do-Liste

Was WILLST du tun? ✓

Wobei kannst du um Hilfe bitten? **?**

Was könntest du einfach als einen Wunsch formulieren?

Was KANNST du nicht (mehr) tun? ✗

Markiere die To-Dos entsprechend und überlegt dir dein Vorgehen.

○ ....

○ ....

○ ....

○ ....

○ ....

○ ....

Mecker Ecke - lass es raus!

Was nervt/frustriert dich? Was macht dich wütend? Was erwartest du von deinem Mann? Was macht er falsch?

_____

_____

_____

_____

_____

_____

Und nun: was wünscht du dir als Ergebnis für dich?

_____

_____

_____

Und nun sag ihm was du dir wünscht und lass die Magie geschehen!

Heute ist ....(Tag)..........., der ....(Datum)..........

Ich wünsche mir

1.   11.
2.   12.
3.   13.
4.   14.
5.   15.
6.   16.
7.   17.
8.   18.
9.   19.
10.   20.

Ich bin (meinem Mann) dankbar...

1.
2.
3.
4.
5.
6.
7.
8.
9.
10.

Not-To-Do-Liste

Was WILLST du tun? ✓

Wobei kannst du um Hilfe bitten? **?**

Was könntest du einfach als einen Wunsch formulieren?

Was KANNST du nicht (mehr) tun? ✗

Markiere die To-Dos entsprechend und überlegt dir dein Vorgehen.

- ○ ....
- ○ ....
- ○ ....
- ○ ....
- ○ ....
- ○ ....

Mecker Ecke - lass es raus!

Was nervt/frustriert dich? Was macht dich wütend? Was erwartest du von deinem Mann? Was macht er falsch?

_____

_____

_____

_____

_____

_____

Und nun: was wünscht du dir als Ergebnis für dich?

_____

_____

_____

Und nun sag ihm was du dir wünscht und lass die Magie geschehen!

Heute ist ....(Tag)..............., der ....(Datum)...........

Ich wünsche mir

1.	11.
2.	12.
3.	13.
4.	14.
5.	15.
6.	16.
7.	17.
8.	18.
9.	19.
10.	20.

Ich bin (meinem Mann) dankbar...

1.

2.

3.

4.

5.

6.

7.

8.

9.

10.

Not-To-Do-Liste

Was WILLST du tun? ✓

Wobei kannst du um Hilfe bitten? ?

Was könntest du einfach als einen Wunsch formulieren?

Was KANNST du nicht (mehr) tun? ✗

Markiere die To-Dos entsprechend und überlegt dir dein Vorgehen.

○ ....

○ ....

○ ....

○ ....

○ ....

○ ....

Mecker Ecke - lass es raus!

Was nervt/frustriert dich? Was macht dich wütend? Was erwartest du
von deinem Mann? Was macht er falsch?

_____

_____

_____

_____

_____

Und nun: was wünscht du dir als Ergebnis für dich?

_____

_____

_____

Und nun sag ihm was du dir wünscht und lass die Magie geschehen!

Heute ist ....(Tag)............., der ....(Datum)..........

Ich wünsche mir

1.	11.
2.	12.
3.	13.
4.	14.
5.	15.
6.	16.
7.	17.
8.	18.
9.	19.
10.	20.

Ich bin (meinem Mann) dankbar...

1.

2.

3.

4.

5.

6.

7.

8.

9.

10.

Not-To-Do-Liste

Was WILLST du tun? ✓

Wobei kannst du um Hilfe bitten? **?**

Was könntest du einfach als einen Wunsch formulieren?

Was KANNST du nicht (mehr) tun? ✗

Markiere die To-Dos entsprechend und überlegt dir dein Vorgehen.

○ ....

○ ....

○ ....

○ ....

○ ....

○ ....

Mecker Ecke - lass es raus!

Was nervt/frustriert dich? Was macht dich wütend? Was erwartest du von deinem Mann? Was macht er falsch?

_____

_____

_____

_____

_____

Und nun: was wünscht du dir als Ergebnis für dich?

_____

_____

_____

Und nun sag ihm was du dir wünscht und lass die Magie geschehen!

Heute ist ....(Tag)............., der ....(Datum)..........

Ich wünsche mir

1.	11.
2.	12.
3.	13.
4.	14.
5.	15.
6.	16.
7.	17.
8.	18.
9.	19.
10.	20.

Ich bin (meinem Mann) dankbar...

1.

2.

3.

4.

5.

6.

7.

8.

9.

10.

Not-To-Do-Liste

Was WILLST du tun? ✓

Wobei kannst du um Hilfe bitten? ?

Was könntest du einfach als einen Wunsch formulieren?

Was KANNST du nicht (mehr) tun? ✗

Markiere die To-Dos entsprechend und überlegt dir dein Vorgehen.

○ ....

○ ....

○ ....

○ ....

○ ....

○ ....

Mecker Ecke – lass es raus!

Was nervt/frustriert dich? Was macht dich wütend? Was erwartest du von deinem Mann? Was macht er falsch?

_____

_____

_____

_____

_____

_____

Und nun: was wünscht du dir als Ergebnis für dich?

_____

_____

_____

Und nun sag ihm was du dir wünscht und lass die Magie geschehen!

Heute ist ....(Tag)............., der ....(Datum)..........

Ich wünsche mir

1.	11.
2.	12.
3.	13.
4.	14.
5.	15.
6.	16.
7.	17.
8.	18.
9.	19.
10.	20.

Ich bin (meinem Mann) dankbar...

1.

2.

3.

4.

5.

6.

7.

8.

9.

10.

Not-To-Do-Liste

Was WILLST du tun? ✓

Wobei kannst du um Hilfe bitten? **?**

Was könntest du einfach als einen Wunsch formulieren?

Was KANNST du nicht (mehr) tun? ✗

Markiere die To-Dos entsprechend und überlegt dir dein Vorgehen.

○ ....

○ ....

○ ....

○ ....

○ ....

○ ....

Mecker Ecke - lass es raus!

Was nervt/frustriert dich? Was macht dich wütend? Was erwartest du von deinem Mann? Was macht er falsch?

_____

_____

_____

_____

_____

_____

Und nun: was wünscht du dir als Ergebnis für dich?

_____

_____

_____

Und nun sag ihm was du dir wünscht und lass die Magie geschehen!

Heute ist ....(Tag)............, der ....(Datum)..........

Ich wünsche mir

1.	11.
2.	12.
3.	13.
4.	14.
5.	15.
6.	16.
7.	17.
8.	18.
9.	19.
10.	20.

Ich bin (meinem Mann) dankbar...

1.

2.

3.

4.

5.

6.

7.

8.

9.

10.

Not-To-Do-Liste

Was WILLST du tun? ✓

Wobei kannst du um Hilfe bitten? **?**

Was könntest du einfach als einen Wunsch formulieren?

Was KANNST du nicht (mehr) tun? ✗

Markiere die To-Dos entsprechend und überlegt dir dein Vorgehen.

○ ....

○ ....

○ ....

○ ....

○ ....

○ ....

Mecker Ecke - lass es raus!

Was nervt/frustriert dich? Was macht dich wütend? Was erwartest du
von deinem Mann? Was macht er falsch?

Und nun: was wünscht du dir als Ergebnis für dich?

Und nun sag ihm was du dir wünscht und lass die Magie geschehen!

Meine neuen Gewohnheiten im ....(Monat)

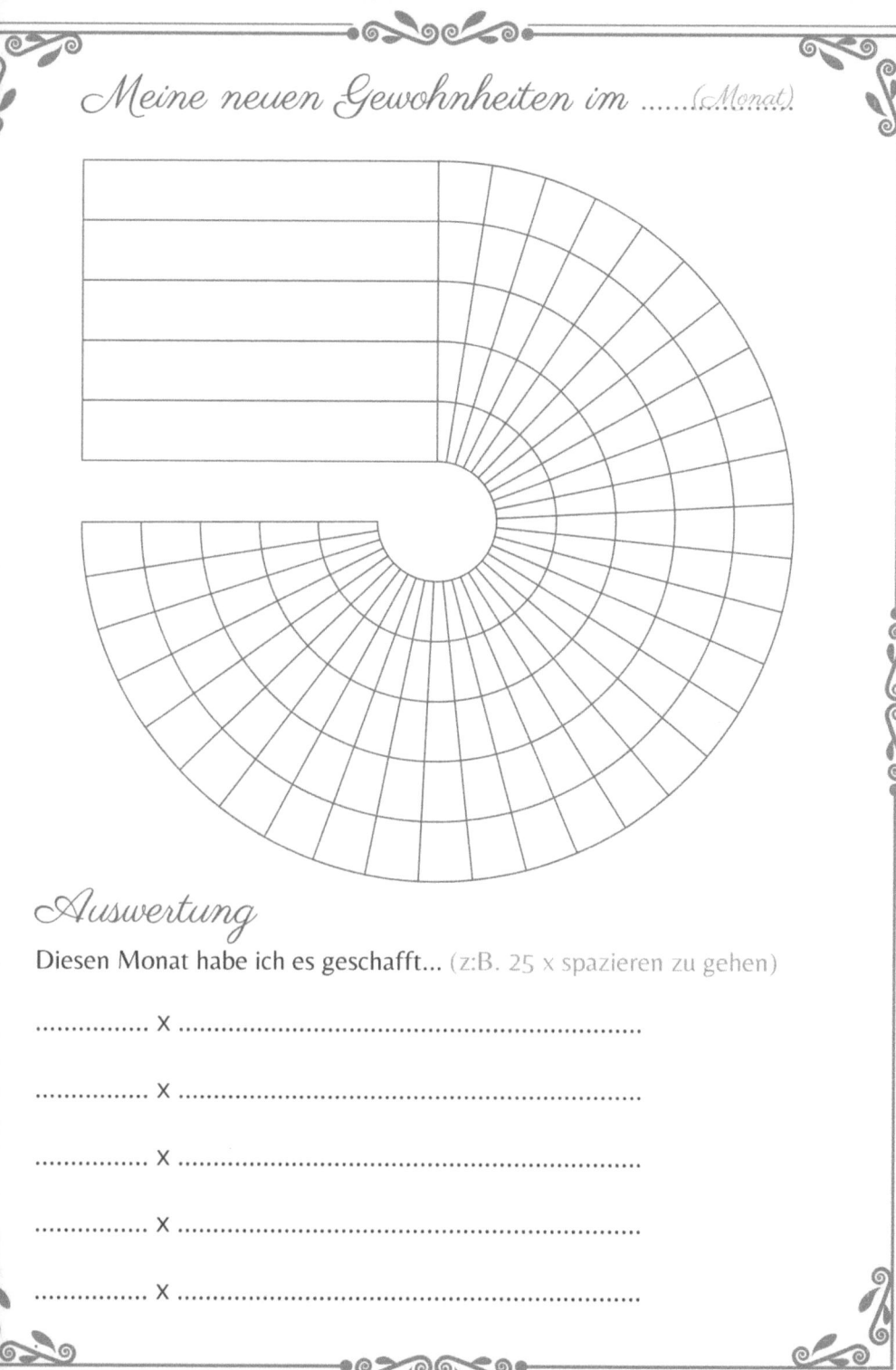

Auswertung

Diesen Monat habe ich es geschafft... (z:B. 25 x spazieren zu gehen)

.... X ....

.... X ....

.... X ....

.... X ....

.... X ....

Woche

Diese Woche fokussiere ich mich auf...

○ "Ich wünsche mir/ ich würde gerne..."
○ "Ich kann nicht"
○ "Autsch"
○ "Danke, dass du..."
○ "Tut mir leid, das war respektlos."
○ "Wie du denkst, ist es gut"
○ "Ich vertraue dir"
○ "Würdest du mir helfen...?"
○ "Ich würde gerne..., darf ich...?"
○
○
○
○

Auswertung

Welche magischen Erlebnisse hattest du? Was willst du beibehalten? Was willst du verändern? Was hat sich verändert? Womit hast du dich unwohl gefühlt? Warum?

Heute ist ....(Tag).............., der ....(Datum)..........

Ich wünsche mir

1.	11.
2.	12.
3.	13.
4.	14.
5.	15.
6.	16.
7.	17.
8.	18.
9.	19.
10.	20.

Ich bin (meinem Mann) dankbar...

1.

2.

3.

4.

5.

6.

7.

8.

9.

10.

Not-To-Do-Liste

Was WILLST du tun? ✓

Wobei kannst du um Hilfe bitten? ❓

Was könntest du einfach als einen Wunsch formulieren?

Was KANNST du nicht (mehr) tun? ✗

Markiere die To-Dos entsprechend und überlegt dir dein Vorgehen.

○ ....

○ ....

○ ....

○ ....

○ ....

○ ....

Mecker Ecke - lass es raus!

Was nervt/frustriert dich? Was macht dich wütend? Was erwartest du von deinem Mann? Was macht er falsch?

_____

_____

_____

_____

_____

Und nun: was wünscht du dir als Ergebnis für dich?

_____

_____

_____

Und nun sag ihm was du dir wünscht und lass die Magie geschehen!

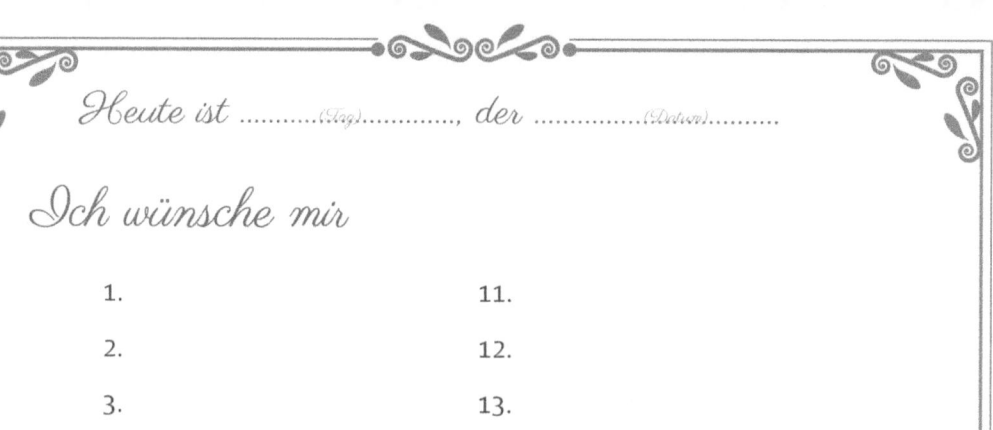

Heute ist ....(Tag).............., der ....(Datum)..........

Ich wünsche mir

1.   11.
2.   12.
3.   13.
4.   14.
5.   15.
6.   16.
7.   17.
8.   18.
9.   19.
10.   20.

Ich bin (meinem Mann) dankbar...

1.
2.
3.
4.
5.
6.
7.
8.
9.
10.

Not-To-Do-Liste

Was WILLST du tun? ✓

Wobei kannst du um Hilfe bitten? **?**

Was könntest du einfach als einen Wunsch formulieren?

Was KANNST du nicht (mehr) tun? ✗

Markiere die To-Dos entsprechend und überlegt dir dein Vorgehen.

○ ....

○ ....

○ ....

○ ....

○ ....

○ ....

Mecker Ecke - lass es raus!

Was nervt/frustriert dich? Was macht dich wütend? Was erwartest du von deinem Mann? Was macht er falsch?

_____

_____

_____

_____

_____

Und nun: was wünscht du dir als Ergebnis für dich?

_____

_____

_____

Und nun sag ihm was du dir wünscht und lass die Magie geschehen!

Heute ist ....(Tag).............., der ....(Datum)..........

Ich wünsche mir

1.	11.
2.	12.
3.	13.
4.	14.
5.	15.
6.	16.
7.	17.
8.	18.
9.	19.
10.	20.

Ich bin (meinem Mann) dankbar...

1.

2.

3.

4.

5.

6.

7.

8.

9.

10.

Not-To-Do-Liste

Was WILLST du tun? ✓

Wobei kannst du um Hilfe bitten? **?**

Was könntest du einfach als einen Wunsch formulieren?

Was KANNST du nicht (mehr) tun? ✗

Markiere die To-Dos entsprechend und überlegt dir dein Vorgehen.

○ ....

○ ....

○ ....

○ ....

○ ....

○ ....

Mecker Ecke - lass es raus!

Was nervt/frustriert dich? Was macht dich wütend? Was erwartest du von deinem Mann? Was macht er falsch?

_____

_____

_____

_____

_____

Und nun: was wünscht du dir als Ergebnis für dich?

_____

_____

_____

Und nun sag ihm was du dir wünscht und lass die Magie geschehen!

Heute ist ....(Tag)............, der ....(Datum)..........

Ich wünsche mir

1.	11.
2.	12.
3.	13.
4.	14.
5.	15.
6.	16.
7.	17.
8.	18.
9.	19.
10.	20.

Ich bin (meinem Mann) dankbar...

1.

2.

3.

4.

5.

6.

7.

8.

9.

10.

Not-To-Do-Liste

Was WILLST du tun? ✓

Wobei kannst du um Hilfe bitten? **?**

Was könntest du einfach als einen Wunsch formulieren?

Was KANNST du nicht (mehr) tun? ✗

Markiere die To-Dos entsprechend und überlegt dir dein Vorgehen.

○ ....

○ ....

○ ....

○ ....

○ ....

○ ....

Mecker Ecke – lass es raus!

Was nervt/frustriert dich? Was macht dich wütend? Was erwartest du von deinem Mann? Was macht er falsch?

_____

_____

_____

_____

_____

_____

Und nun: was wünscht du dir als Ergebnis für dich?

_____

_____

_____

Und nun sag ihm was du dir wünscht und lass die Magie geschehen!

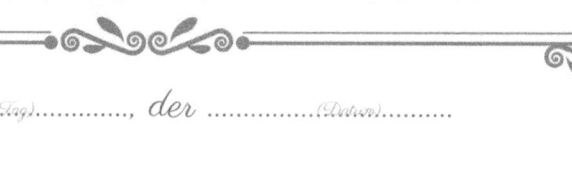

Heute ist ....(Tag)............, der ....(Datum)...........

Ich wünsche mir

1.	11.
2.	12.
3.	13.
4.	14.
5.	15.
6.	16.
7.	17.
8.	18.
9.	19.
10.	20.

Ich bin (meinem Mann) dankbar...

1.

2.

3.

4.

5.

6.

7.

8.

9.

10.

Not-To-Do-Liste

Was WILLST du tun? ✔

Wobei kannst du um Hilfe bitten? **?**

Was könntest du einfach als einen Wunsch formulieren?

Was KANNST du nicht (mehr) tun? ✗

Markiere die To-Dos entsprechend und überlegt dir dein Vorgehen.

○ ....

○ ....

○ ....

○ ....

○ ....

○ ....

Mecker Ecke - lass es raus!

Was nervt/frustriert dich? Was macht dich wütend? Was erwartest du
von deinem Mann? Was macht er falsch?

_____

_____

_____

_____

_____

_____

Und nun: was wünscht du dir als Ergebnis für dich?

_____

_____

_____

Und nun sag ihm was du dir wünschst und lass die Magie geschehen!

Heute ist ....(Tag)............, der ....(Datum).........

Ich wünsche mir

1.	11.
2.	12.
3.	13.
4.	14.
5.	15.
6.	16.
7.	17.
8.	18.
9.	19.
10.	20.

Ich bin (meinem Mann) dankbar...

1.

2.

3.

4.

5.

6.

7.

8.

9.

10.

Not-To-Do-Liste

Was WILLST du tun? ✓
Wobei kannst du um Hilfe bitten? ?
Was könntest du einfach als einen Wunsch formulieren?
Was KANNST du nicht (mehr) tun? ✗
Markiere die To-Dos entsprechend und überlegt dir dein Vorgehen.

- ○ ....
- ○ ....
- ○ ....
- ○ ....
- ○ ....
- ○ ....
- ○ ....
- ○ ....
- ○ ....
- ○ ....

Mecker Ecke - lass es raus!

Was nervt/frustriert dich? Was macht dich wütend? Was erwartest du von deinem Mann? Was macht er falsch?

_____

_____

_____

_____

_____

_____

Und nun: was wünscht du dir als Ergebnis für dich?

_____

_____

_____

Und nun sag ihm was du dir wünscht und lass die Magie geschehen!

Heute ist ....(Tag)............., der ....(Datum)..........

Ich wünsche mir

1.	11.
2.	12.
3.	13.
4.	14.
5.	15.
6.	16.
7.	17.
8.	18.
9.	19.
10.	20.

Ich bin (meinem Mann) dankbar...

1.

2.

3.

4.

5.

6.

7.

8.

9.

10.

Not-To-Do-Liste

Was WILLST du tun? ✔

Wobei kannst du um Hilfe bitten? ❓

Was könntest du einfach als einen Wunsch formulieren?

Was KANNST du nicht (mehr) tun? ✘

Markiere die To-Dos entsprechend und überlegt dir dein Vorgehen.

- ○ ....
- ○ ....
- ○ ....
- ○ ....
- ○ ....
- ○ ....
- ○ ....
- ○ ....
- ○ ....
- ○ ....

Mecker Ecke - lass es raus!

Was nervt/frustriert dich? Was macht dich wütend? Was erwartest du von deinem Mann? Was macht er falsch?

_____

_____

_____

_____

_____

_____

Und nun: was wünscht du dir als Ergebnis für dich?

_____

_____

_____

Und nun sag ihm was du dir wünscht und lass die Magie geschehen!

Woche

Diese Woche fokussiere ich mich auf...

- ○ "Ich wünsche mir/ ich würde gerne..."
- ○ "Ich kann nicht"
- ○ "Autsch"
- ○ "Danke, dass du..."
- ○ "Tut mir leid, das war respektlos."
- ○ "Wie du denkst, ist es gut"
- ○ "Ich vertraue dir"
- ○ "Würdest du mir helfen...?"
- ○ "Ich würde gerne..., darf ich...?"
- ○ ....
- ○ ....
- ○ ....
- ○ ....

Auswertung

Welche magischen Erlebnisse hattest du? Was willst du beibehalten? Was willst du verändern? Was hat sich verändert? Womit hast du dich unwohl gefühlt? Warum?

Heute ist ....(Tag)............, der ....(Datum)..........

Ich wünsche mir

1.	11.
2.	12.
3.	13.
4.	14.
5.	15.
6.	16.
7.	17.
8.	18.
9.	19.
10.	20.

Ich bin (meinem Mann) dankbar...

1.

2.

3.

4.

5.

6.

7.

8.

9.

10.

Not-To-Do-Liste

Was WILLST du tun? ✓

Wobei kannst du um Hilfe bitten? **?**

Was könntest du einfach als einen Wunsch formulieren?

Was KANNST du nicht (mehr) tun? ✗

Markiere die To-Dos entsprechend und überlegt dir dein Vorgehen.

- ○ ....
- ○ ....
- ○ ....
- ○ ....
- ○ ....
- ○ ....

Mecker Ecke - lass es raus!

Was nervt/frustriert dich? Was macht dich wütend? Was erwartest du von deinem Mann? Was macht er falsch?

_____

_____

_____

_____

_____

_____

Und nun: was wünscht du dir als Ergebnis für dich?

_____

_____

_____

Und nun sag ihm was du dir wünscht und lass die Magie geschehen!

Heute ist ....(Tag)............, der ....(Datum)..........

Ich wünsche mir

1.	11.
2.	12.
3.	13.
4.	14.
5.	15.
6.	16.
7.	17.
8.	18.
9.	19.
10.	20.

Ich bin (meinem Mann) dankbar...

1.

2.

3.

4.

5.

6.

7.

8.

9.

10.

Not-To-Do-Liste

Was WILLST du tun? ✓

Wobei kannst du um Hilfe bitten? **?**

Was könntest du einfach als einen Wunsch formulieren?

Was KANNST du nicht (mehr) tun? ✗

Markiere die To-Dos entsprechend und überlegt dir dein Vorgehen.

- ○ ....
- ○ ....
- ○ ....
- ○ ....
- ○ ....
- ○ ....

Mecker Ecke - lass es raus!

Was nervt/frustriert dich? Was macht dich wütend? Was erwartest du
von deinem Mann? Was macht er falsch?

_____

_____

_____

_____

_____

_____

Und nun: was wünscht du dir als Ergebnis für dich?

_____

_____

_____

Und nun sag ihm was du dir wünscht und lass die Magie geschehen!

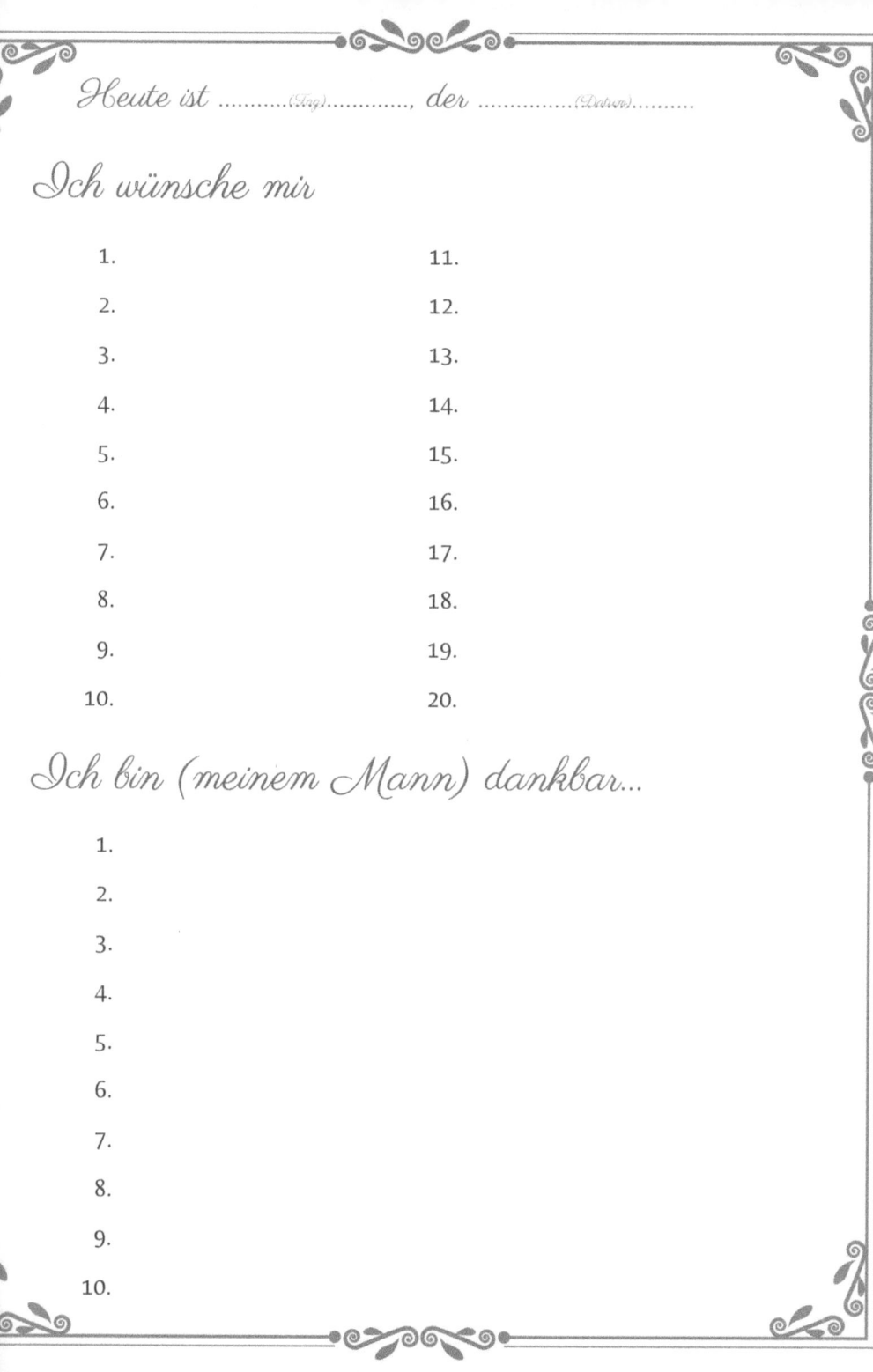

Heute ist ....(Tag)............., der ....(Datum)..........

Ich wünsche mir

1.   11.

2.   12.

3.   13.

4.   14.

5.   15.

6.   16.

7.   17.

8.   18.

9.   19.

10.   20.

Ich bin (meinem Mann) dankbar...

1.

2.

3.

4.

5.

6.

7.

8.

9.

10.

Not-To-Do-Liste

Was WILLST du tun? ✓

Wobei kannst du um Hilfe bitten? **?**

Was könntest du einfach als einen Wunsch formulieren?

Was KANNST du nicht (mehr) tun? ✗

Markiere die To-Dos entsprechend und überlegt dir dein Vorgehen.

○ ....

○ ....

○ ....

○ ....

○ ....

○ ....

Mecker Ecke - lass es raus!

Was nervt/frustriert dich? Was macht dich wütend? Was erwartest du von deinem Mann? Was macht er falsch?

_____

_____

_____

_____

_____

Und nun: was wünscht du dir als Ergebnis für dich?

_____

_____

_____

Und nun sag ihm was du dir wünschst und lass die Magie geschehen!

Heute ist ....(Tag)............., der ....(Datum)..........

Ich wünsche mir

1.
2.
3.
4.
5.
6.
7.
8.
9.
10.

11.
12.
13.
14.
15.
16.
17.
18.
19.
20.

Ich bin (meinem Mann) dankbar...

1.
2.
3.
4.
5.
6.
7.
8.
9.
10.

Not-To-Do-Liste

Was WILLST du tun? ✓

Wobei kannst du um Hilfe bitten? **?**

Was könntest du einfach als einen Wunsch formulieren?

Was KANNST du nicht (mehr) tun? ✗

Markiere die To-Dos entsprechend und überlegt dir dein Vorgehen.

- ○ ....
- ○ ....
- ○ ....
- ○ ....
- ○ ....
- ○ ....

Mecker Ecke - lass es raus!

Was nervt/frustriert dich? Was macht dich wütend? Was erwartest du von deinem Mann? Was macht er falsch?

_____

_____

_____

_____

_____

_____

Und nun: was wünscht du dir als Ergebnis für dich?

_____

_____

_____

Und nun sag ihm was du dir wünscht und lass die Magie geschehen!

Heute ist ....(Tag)............., der ....(Datum)..........

Ich wünsche mir

1.	11.
2.	12.
3.	13.
4.	14.
5.	15.
6.	16.
7.	17.
8.	18.
9.	19.
10.	20.

Ich bin (meinem Mann) dankbar...

1.

2.

3.

4.

5.

6.

7.

8.

9.

10.

Not-To-Do-Liste

Was WILLST du tun? ✓

Wobei kannst du um Hilfe bitten? **?**

Was könntest du einfach als einen Wunsch formulieren?

Was KANNST du nicht (mehr) tun? ✗

Markiere die To-Dos entsprechend und überlegt dir dein Vorgehen.

- ○ ....
- ○ ....
- ○ ....
- ○ ....
- ○ ....
- ○ ....

Mecker Ecke - lass es raus!

Was nervt/frustriert dich? Was macht dich wütend? Was erwartest du von deinem Mann? Was macht er falsch?

_____

_____

_____

_____

_____

_____

Und nun: was wünscht du dir als Ergebnis für dich?

_____

_____

_____

Und nun sag ihm was du dir wünscht und lass die Magie geschehen!

Heute ist ....(Tag)............, der ....(Datum)...........

Ich wünsche mir

1.	11.
2.	12.
3.	13.
4.	14.
5.	15.
6.	16.
7.	17.
8.	18.
9.	19.
10.	20.

Ich bin (meinem Mann) dankbar...

1.

2.

3.

4.

5.

6.

7.

8.

9.

10.

Not-To-Do-Liste

Was WILLST du tun? ✓

Wobei kannst du um Hilfe bitten? **?**

Was könntest du einfach als einen Wunsch formulieren?

Was KANNST du nicht (mehr) tun? ✗

Markiere die To-Dos entsprechend und überlegt dir dein Vorgehen.

○ ....

○ ....

○ ....

○ ....

○ ....

○ ....

Mecker Ecke - lass es raus!

Was nervt/frustriert dich? Was macht dich wütend? Was erwartest du von deinem Mann? Was macht er falsch?

_____

_____

_____

_____

_____

Und nun: was wünscht du dir als Ergebnis für dich?

_____

_____

_____

Und nun sag ihm was du dir wünscht und lass die Magie geschehen!

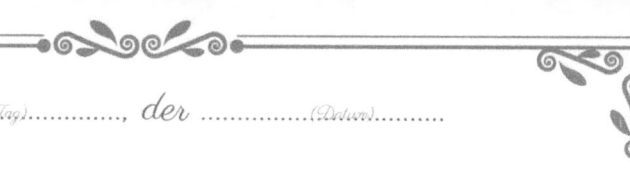

Heute ist ....(Tag)..............., der ....(Datum)...........

Ich wünsche mir

1.	11.
2.	12.
3.	13.
4.	14.
5.	15.
6.	16.
7.	17.
8.	18.
9.	19.
10.	20.

Ich bin (meinem Mann) dankbar...

1.

2.

3.

4.

5.

6.

7.

8.

9.

10.

Not-To-Do-Liste

Was WILLST du tun? ✓

Wobei kannst du um Hilfe bitten? ?

Was könntest du einfach als einen Wunsch formulieren?

Was KANNST du nicht (mehr) tun? ✗

Markiere die To-Dos entsprechend und überlegt dir dein Vorgehen.

◯ ....

◯ ....

◯ ....

◯ ....

◯ ....

◯ ....

Mecker Ecke - lass es raus!

Was nervt/frustriert dich? Was macht dich wütend? Was erwartest du von deinem Mann? Was macht er falsch?

_____

_____

_____

_____

_____

_____

Und nun: was wünscht du dir als Ergebnis für dich?

_____

_____

_____

Und nun sag ihm was du dir wünscht und lass die Magie geschehen!

Woche

Diese Woche fokussiere ich mich auf...

- ○ "Ich wünsche mir/ ich würde gerne..."
- ○ "Ich kann nicht"
- ○ "Autsch"
- ○ "Danke, dass du..."
- ○ "Tut mir leid, das war respektlos."
- ○ "Wie du denkst, ist es gut"
- ○ "Ich vertraue dir"
- ○ "Würdest du mir helfen...?"
- ○ "Ich würde gerne...., darf ich...?"
- ○ ....
- ○ ....
- ○ ....
- ○ ....

Auswertung

Welche magischen Erlebnisse hattest du? Was willst du beibehalten? Was willst du verändern? Was hat sich verändert? Womit hast du dich unwohl gefühlt? Warum?

_____

_____

_____

_____

_____

_____

_____

_____

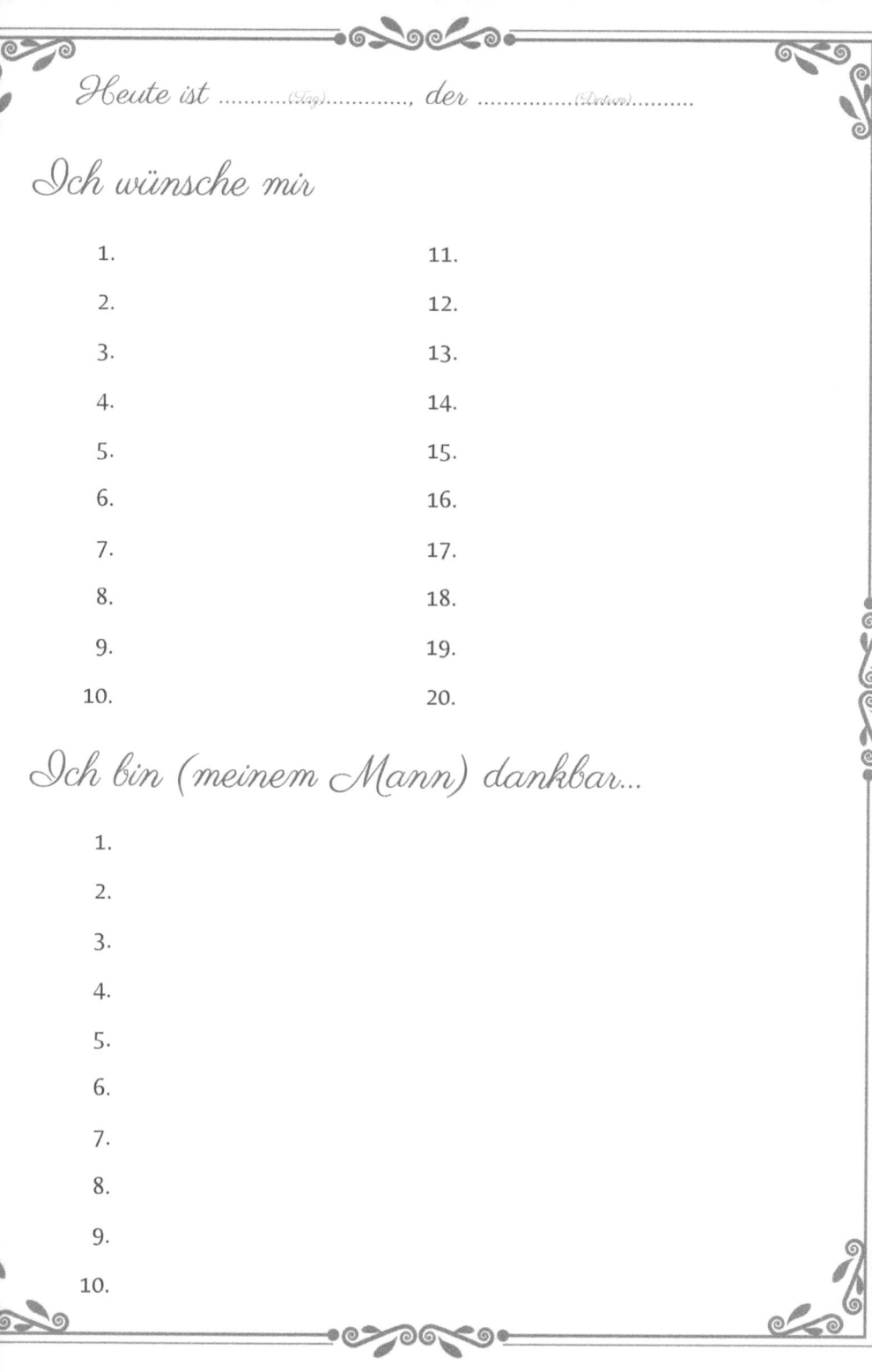

Heute ist ....(Tag)............., der ....(Datum)..........

Ich wünsche mir

1.	11.
2.	12.
3.	13.
4.	14.
5.	15.
6.	16.
7.	17.
8.	18.
9.	19.
10.	20.

Ich bin (meinem Mann) dankbar...

1.

2.

3.

4.

5.

6.

7.

8.

9.

10.

Not-To-Do-Liste

Was WILLST du tun? ✓

Wobei kannst du um Hilfe bitten? ?

Was könntest du einfach als einen Wunsch formulieren?

Was KANNST du nicht (mehr) tun? ✗

Markiere die To-Dos entsprechend und überlegt dir dein Vorgehen.

○ ....

○ ....

○ ....

○ ....

○ ....

○ ....

Mecker Ecke - lass es raus!

Was nervt/frustriert dich? Was macht dich wütend? Was erwartest du von deinem Mann? Was macht er falsch?

Und nun: was wünscht du dir als Ergebnis für dich?

Und nun sag ihm was du dir wünscht und lass die Magie geschehen!

Heute ist ....(Tag)..............., der ....(Datum)..........

Ich wünsche mir

1.	11.
2.	12.
3.	13.
4.	14.
5.	15.
6.	16.
7.	17.
8.	18.
9.	19.
10.	20.

Ich bin (meinem Mann) dankbar...

1.

2.

3.

4.

5.

6.

7.

8.

9.

10.

Not-To-Do-Liste

Was WILLST du tun? ✓

Wobei kannst du um Hilfe bitten? ?

Was könntest du einfach als einen Wunsch formulieren?

Was KANNST du nicht (mehr) tun? ✗

Markiere die To-Dos entsprechend und überlegt dir dein Vorgehen.

- ○ ....
- ○ ....
- ○ ....
- ○ ....
- ○ ....
- ○ ....

Mecker Ecke - lass es raus!

Was nervt/frustriert dich? Was macht dich wütend? Was erwartest du von deinem Mann? Was macht er falsch?

_____

_____

_____

_____

_____

_____

Und nun: was wünscht du dir als Ergebnis für dich?

_____

_____

_____

Und nun sag ihm was du dir wünscht und lass die Magie geschehen!

Heute ist ....(Tag).............., der ....(Datum)..........

Ich wünsche mir

1.	11.
2.	12.
3.	13.
4.	14.
5.	15.
6.	16.
7.	17.
8.	18.
9.	19.
10.	20.

Ich bin (meinem Mann) dankbar...

1.

2.

3.

4.

5.

6.

7.

8.

9.

10.

Not-To-Do-Liste

Was WILLST du tun? ✓

Wobei kannst du um Hilfe bitten? ?

Was könntest du einfach als einen Wunsch formulieren?

Was KANNST du nicht (mehr) tun? ✗

Markiere die To-Dos entsprechend und überlegt dir dein Vorgehen.

○ ....

○ ....

○ ....

○ ....

○ ....

○ ....

Mecker Ecke - lass es raus!

Was nervt/frustriert dich? Was macht dich wütend? Was erwartest du von deinem Mann? Was macht er falsch?

_____

_____

_____

_____

_____

Und nun: was wünscht du dir als Ergebnis für dich?

_____

_____

_____

Und nun sag ihm was du dir wünschst und lass die Magie geschehen!

Heute ist ....(Tag)............., der ....(Datum)..........

Ich wünsche mir

1.	11.
2.	12.
3.	13.
4.	14.
5.	15.
6.	16.
7.	17.
8.	18.
9.	19.
10.	20.

Ich bin (meinem Mann) dankbar...

1.

2.

3.

4.

5.

6.

7.

8.

9.

10.

Not-To-Do-Liste

Was WILLST du tun? ✓

Wobei kannst du um Hilfe bitten? **?**

Was könntest du einfach als einen Wunsch formulieren?

Was KANNST du nicht (mehr) tun? ✗

Markiere die To-Dos entsprechend und überlegt dir dein Vorgehen.

○ ....

○ ....

○ ....

○ ....

○ ....

○ ....

Mecker Ecke - lass es raus!

Was nervt/frustriert dich? Was macht dich wütend? Was erwartest du
von deinem Mann? Was macht er falsch?

_____

_____

_____

_____

_____

_____

Und nun: was wünscht du dir als Ergebnis für dich?

_____

_____

_____

Und nun sag ihm was du dir wünscht und lass die Magie geschehen!

Heute ist ....(Tag).............., der ....(Datum)..........

Ich wünsche mir

1.   11.

2.   12.

3.   13.

4.   14.

5.   15.

6.   16.

7.   17.

8.   18.

9.   19.

10.   20.

Ich bin (meinem Mann) dankbar...

1.

2.

3.

4.

5.

6.

7.

8.

9.

10.

Not-To-Do-Liste

Was WILLST du tun? ✓

Wobei kannst du um Hilfe bitten? **?**

Was könntest du einfach als einen Wunsch formulieren?

Was KANNST du nicht (mehr) tun? ✗

Markiere die To-Dos entsprechend und überlegt dir dein Vorgehen.

- ○ ....
- ○ ....
- ○ ....
- ○ ....
- ○ ....
- ○ ....

Mecker Ecke - lass es raus!

Was nervt/frustriert dich? Was macht dich wütend? Was erwartest du von deinem Mann? Was macht er falsch?

_____

_____

_____

_____

_____

_____

Und nun: was wünscht du dir als Ergebnis für dich?

_____

_____

_____

Und nun sag ihm was du dir wünscht und lass die Magie geschehen!

Heute ist ....(Tag).............., der ....(Datum)..........

Ich wünsche mir

1.	11.
2.	12.
3.	13.
4.	14.
5.	15.
6.	16.
7.	17.
8.	18.
9.	19.
10.	20.

Ich bin (meinem Mann) dankbar...

1.

2.

3.

4.

5.

6.

7.

8.

9.

10.

Not-To-Do-Liste

Was WILLST du tun? ✓

Wobei kannst du um Hilfe bitten? **?**

Was könntest du einfach als einen Wunsch formulieren?

Was KANNST du nicht (mehr) tun? ✗

Markiere die To-Dos entsprechend und überlegt dir dein Vorgehen.

○ ....

○ ....

○ ....

○ ....

○ ....

○ ....

Mecker Ecke - lass es raus!

Was nervt/frustriert dich? Was macht dich wütend? Was erwartest du von deinem Mann? Was macht er falsch?

_____

_____

_____

_____

_____

_____

Und nun: was wünscht du dir als Ergebnis für dich?

_____

_____

_____

Und nun sag ihm was du dir wünscht und lass die Magie geschehen!

Heute ist ....(Tag)............., der ....(Datum).........

Ich wünsche mir

1.	11.
2.	12.
3.	13.
4.	14.
5.	15.
6.	16.
7.	17.
8.	18.
9.	19.
10.	20.

Ich bin (meinem Mann) dankbar...

1.

2.

3.

4.

5.

6.

7.

8.

9.

10.

Not-To-Do-Liste

Was WILLST du tun? ✓

Wobei kannst du um Hilfe bitten? **?**

Was könntest du einfach als einen Wunsch formulieren?

Was KANNST du nicht (mehr) tun? ✗

Markiere die To-Dos entsprechend und überlegt dir dein Vorgehen.

○ ....

○ ....

○ ....

○ ....

○ ....

○ ....

Mecker Ecke - lass es raus!

Was nervt/frustriert dich? Was macht dich wütend? Was erwartest du von deinem Mann? Was macht er falsch?

_____

_____

_____

_____

_____

Und nun: was wünscht du dir als Ergebnis für dich?

_____

_____

_____

Und nun sag ihm was du dir wünscht und lass die Magie geschehen!

Woche #

Diese Woche fokussiere ich mich auf...

○ *"Ich wünsche mir/ ich würde gerne..."*
○ *"Ich kann nicht"*
○ *"Autsch"*
○ *"Danke, dass du..."*
○ *"Tut mir leid, das war respektlos."*
○ *"Wie du denkst, ist es gut"*
○ *"Ich vertraue dir"*
○ *"Würdest du mir helfen...?"*
○ *"Ich würde gerne...., darf ich...?"*
○
○
○
○

Auswertung

Welche magischen Erlebnisse hattest du? Was willst du beibehalten? Was willst du verändern? Was hat sich verändert? Womit hast du dich unwohl gefühlt? Warum?

Heute ist ....(Tag)............., der ....(Datum)..........

Ich wünsche mir

1.	11.
2.	12.
3.	13.
4.	14.
5.	15.
6.	16.
7.	17.
8.	18.
9.	19.
10.	20.

Ich bin (meinem Mann) dankbar...

1.

2.

3.

4.

5.

6.

7.

8.

9.

10.

Not-To-Do-Liste

Was WILLST du tun? ✓

Wobei kannst du um Hilfe bitten? **?**

Was könntest du einfach als einen Wunsch formulieren?

Was KANNST du nicht (mehr) tun? ✗

Markiere die To-Dos entsprechend und überlegt dir dein Vorgehen.

○ ....

○ ....

○ ....

○ ....

○ ....

○ ....

Mecker Ecke - lass es raus!

Was nervt/frustriert dich? Was macht dich wütend? Was erwartest du von deinem Mann? Was macht er falsch?

_____

_____

_____

_____

_____

_____

Und nun: was wünscht du dir als Ergebnis für dich?

_____

_____

_____

Und nun sag ihm was du dir wünscht und lass die Magie geschehen!

Heute ist ....(Tag)..............., der ....(Datum)..........

Ich wünsche mir

1.   11.

2.   12.

3.   13.

4.   14.

5.   15.

6.   16.

7.   17.

8.   18.

9.   19.

10.   20.

Ich bin (meinem Mann) dankbar...

1.

2.

3.

4.

5.

6.

7.

8.

9.

10.

Not-To-Do-Liste

Was WILLST du tun? ✓

Wobei kannst du um Hilfe bitten? **?**

Was könntest du einfach als einen Wunsch formulieren?

Was KANNST du nicht (mehr) tun? ✗

Markiere die To-Dos entsprechend und überlegt dir dein Vorgehen.

○ ....

○ ....

○ ....

○ ....

○ ....

○ ....

Mecker Ecke - lass es raus!

Was nervt/frustriert dich? Was macht dich wütend? Was erwartest du
von deinem Mann? Was macht er falsch?

_____

_____

_____

_____

_____

_____

Und nun: was wünscht du dir als Ergebnis für dich?

_____

_____

_____

Und nun sag ihm was du dir wünschst und lass die Magie geschehen!

Heute ist ....(Tag)............., der ....(Datum)...........

Ich wünsche mir

1.	11.
2.	12.
3.	13.
4.	14.
5.	15.
6.	16.
7.	17.
8.	18.
9.	19.
10.	20.

Ich bin (meinem Mann) dankbar...

1.

2.

3.

4.

5.

6.

7.

8.

9.

10.

Not-To-Do-Liste

Was WILLST du tun? ✓

Wobei kannst du um Hilfe bitten? ?

Was könntest du einfach als einen Wunsch formulieren?

Was KANNST du nicht (mehr) tun? ✗

Markiere die To-Dos entsprechend und überlegt dir dein Vorgehen.

○ ....

○ ....

○ ....

○ ....

○ ....

○ ....

Mecker Ecke - lass es raus!

Was nervt/frustriert dich? Was macht dich wütend? Was erwartest du
von deinem Mann? Was macht er falsch?

Und nun: was wünscht du dir als Ergebnis für dich?

Und nun sag ihm was du dir wünscht und lass die Magie geschehen!

Heute ist ....(Tag)............., der ....(Datum).........

Ich wünsche mir

1.	11.
2.	12.
3.	13.
4.	14.
5.	15.
6.	16.
7.	17.
8.	18.
9.	19.
10.	20.

Ich bin (meinem Mann) dankbar...

1.

2.

3.

4.

5.

6.

7.

8.

9.

10.

Not-To-Do-Liste

Was WILLST du tun? ✓

Wobei kannst du um Hilfe bitten? **?**

Was könntest du einfach als einen Wunsch formulieren?

Was KANNST du nicht (mehr) tun? ✗

Markiere die To-Dos entsprechend und überlegt dir dein Vorgehen.

- ○ ....
- ○ ....
- ○ ....
- ○ ....
- ○ ....
- ○ ....

Mecker Ecke - lass es raus!

Was nervt/frustriert dich? Was macht dich wütend? Was erwartest du von deinem Mann? Was macht er falsch?

_____

_____

_____

_____

_____

Und nun: was wünscht du dir als Ergebnis für dich?

_____

_____

_____

Und nun sag ihm was du dir wünscht und lass die Magie geschehen!

Heute ist ....(Tag)............., der ....(Datum)...........

Ich wünsche mir

1.	11.
2.	12.
3.	13.
4.	14.
5.	15.
6.	16.
7.	17.
8.	18.
9.	19.
10.	20.

Ich bin (meinem Mann) dankbar...

1.

2.

3.

4.

5.

6.

7.

8.

9.

10.

Not-To-Do-Liste

Was WILLST du tun? ✓

Wobei kannst du um Hilfe bitten? **?**

Was könntest du einfach als einen Wunsch formulieren?

Was KANNST du nicht (mehr) tun? ✗

Markiere die To-Dos entsprechend und überlegt dir dein Vorgehen.

- ○ ....
- ○ ....
- ○ ....
- ○ ....
- ○ ....
- ○ ....

Mecker Ecke - lass es raus!

Was nervt/frustriert dich? Was macht dich wütend? Was erwartest du von deinem Mann? Was macht er falsch?

_____

_____

_____

_____

_____

_____

Und nun: was wünscht du dir als Ergebnis für dich?

_____

_____

_____

Und nun sag ihm was du dir wünscht und lass die Magie geschehen!

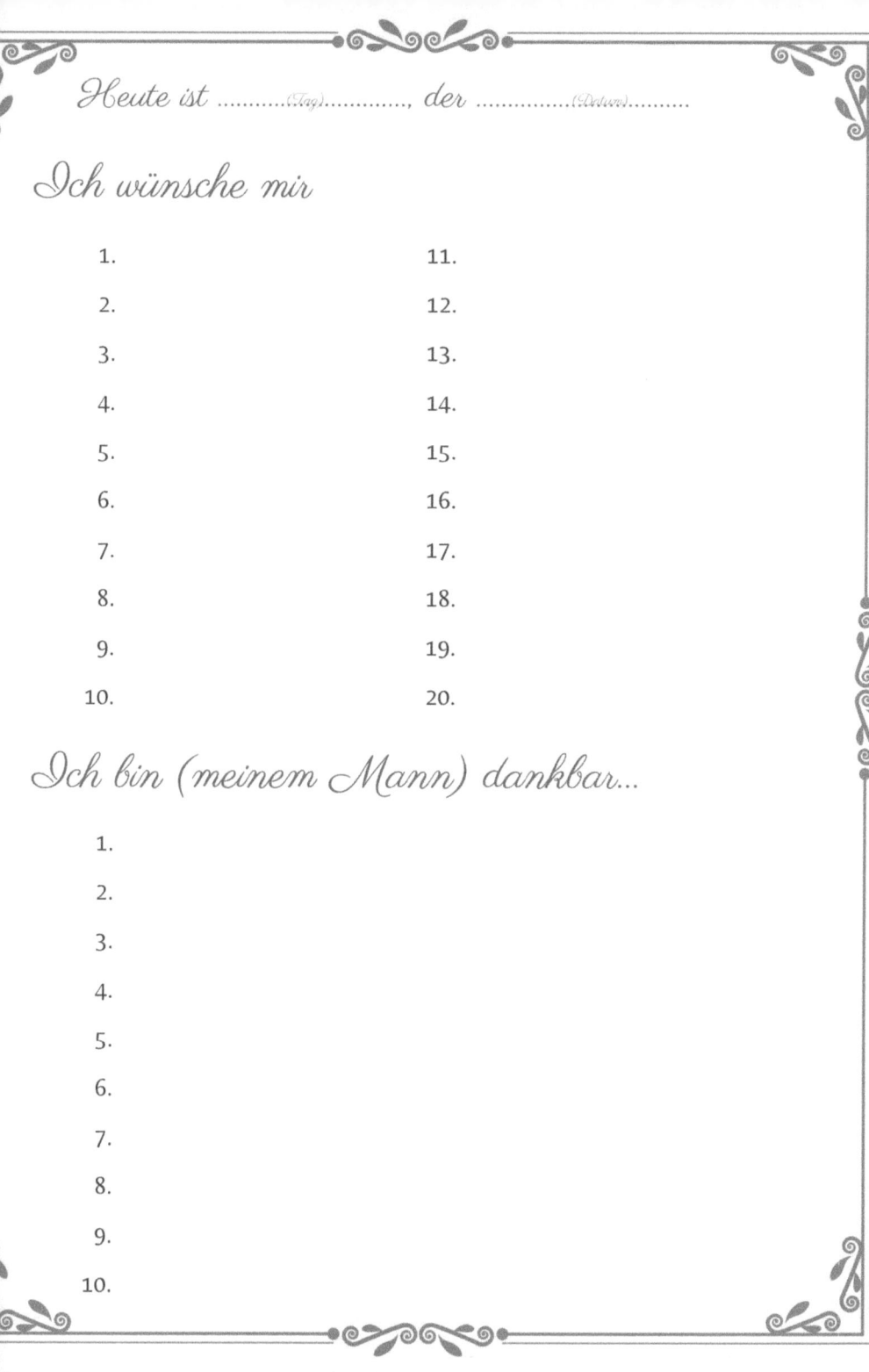

Heute ist ....(Tag).............., der ....(Datum)..........

Ich wünsche mir

1.	11.
2.	12.
3.	13.
4.	14.
5.	15.
6.	16.
7.	17.
8.	18.
9.	19.
10.	20.

Ich bin (meinem Mann) dankbar...

1.

2.

3.

4.

5.

6.

7.

8.

9.

10.

Not-To-Do-Liste

Was WILLST du tun? ✓

Wobei kannst du um Hilfe bitten? **?**

Was könntest du einfach als einen Wunsch formulieren?

Was KANNST du nicht (mehr) tun? ✗

Markiere die To-Dos entsprechend und überlegt dir dein Vorgehen.

◯ ....

◯ ....

◯ ....

◯ ....

◯ ....

◯ ....

Mecker Ecke - lass es raus!

Was nervt/frustriert dich? Was macht dich wütend? Was erwartest du
von deinem Mann? Was macht er falsch?

_____

_____

_____

_____

_____

_____

Und nun: was wünscht du dir als Ergebnis für dich?

_____

_____

_____

Und nun sag ihm was du dir wünscht und lass die Magie geschehen!

Heute ist ....(Tag)............., der ....(Datum)..........

Ich wünsche mir

1.   11.
2.   12.
3.   13.
4.   14.
5.   15.
6.   16.
7.   17.
8.   18.
9.   19.
10.   20.

Ich bin (meinem Mann) dankbar...

1.
2.
3.
4.
5.
6.
7.
8.
9.
10.

Not-To-Do-Liste

Was WILLST du tun? ✓

Wobei kannst du um Hilfe bitten? **?**

Was könntest du einfach als einen Wunsch formulieren?

Was KANNST du nicht (mehr) tun? ✗

Markiere die To-Dos entsprechend und überlegt dir dein Vorgehen.

- ◯ ....
- ◯ ....
- ◯ ....
- ◯ ....
- ◯ ....
- ◯ ....

Mecker Ecke - lass es raus!

Was nervt/frustriert dich? Was macht dich wütend? Was erwartest du von deinem Mann? Was macht er falsch?

_____

_____

_____

_____

_____

_____

Und nun: was wünscht du dir als Ergebnis für dich?

_____

_____

_____

Und nun sag ihm was du dir wünscht und lass die Magie geschehen!

Meine Vision für meine Beziehung

Meine Beziehung aktuell

Liebe Leserin,

nach diesen drei Monaten, wie steht es um deine Beziehung? Hast du deine Vision verwirklichen können? Bist du ihr näher gekommen? Ich würde mich freuen, von dir zu hören!

Wie hat dir dieses Praxisbuch gefallen? Gibt es Verbesserungsvorschläge, die du mir mitteilen möchtest? Lass es mich wissen, dein Feedback ist mir wichtig!

nachricht@ankakraetzig.de

Wie geht es jetzt weiter?

Möchtest du mehr Unterstützung? Ich habe verschiedene Angebote für dich, um dich optimal bei der Transformation in eine neue Beziehungsrealität zu unterstützen:

TRAUMPAAR STATT TRAUMA – 3-monatiges Gruppenprogramm. Der Intensiv-Workshop zum Buch *"Die sieben Geheimnisse von Traumpaaren ohne Trauma"*.

Individuelle Prozessbegleitung 1:1, 6 oder 12 Monate. Vereinbare gern ein unverbindliches Vorgespräch: www.ankakraetzig.de

Wechselnde Kurse und kostenlose Masterclasses.

Für mehr Details gehe zu meiner Homepage:
www.ankakraetzig.de

Folge Anka Krätzig auf Social Media:

https://www.facebook.com/anka.kratzig

https://www.instagram.com/entwicklungstraumata_frei/

Podcast: https://open.spotify.com/show/2qDHoSLOpcfp7SVn8ZAjW9

http://www.youtube.com/@ankak4382

E-Mail: nachricht@ankakraetzig.de